Erlebnispädagogik kompakt

Thomas Eisinger

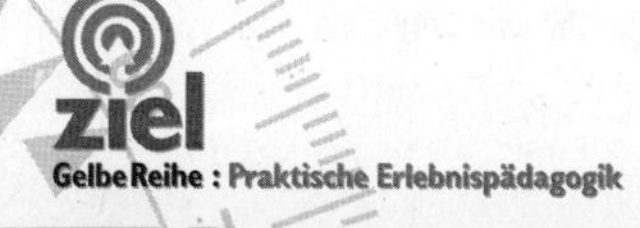

Dieser Titel ist auch als eBook erhältlich
ISBN 978-3-944 708-45-4

Sie finden uns im Internet unter
www.ziel-verlag.de

Wichtiger Hinweis des Verlags: Der Verlag hat sich bemüht, die Copyright-Inhaber aller verwendeten Zitate, Texte, Bilder, Abbildungen und Illustrationen zu ermitteln. Leider gelang dies nicht in allen Fällen. Sollten wir jemanden übergangen haben, so bitten wir die Copyright-Inhaber, sich mit uns in Verbindung zu setzen.

Inhalt und Form des vorliegenden Bandes liegen in der Verantwortung des Autors.

Bibliografische Information der Deutschen Nationalbibliothek
Die Deutsche Nationalbibliothek verzeichnet diese Publikation in der Deutschen Nationalbibliografie; detaillierte bibliografische Daten sind im Internet über *http://dnb.d-nb.de* abrufbar.

Printed in Germany

ISBN 978-3-944 708-38-6 (Print)

Verlag	ZIEL – Zentrum für interdisziplinäres erfahrungsorientiertes Lernen GmbH Zeuggasse 7–9, 86150 Augsburg, www.ziel-verlag.de 2. überarbeitete Auflage 2016
Grafik und Layoutgestaltung	Friends Media Group GmbH Zeuggasse 7, 86150 Augsburg
Illustrationen	Benjamin Wurster
Fotos	Benjamin Wurster außer: Jürgen Maier (S. 41), Michael Rehm (S. 61), Shutterstock/Dmytro Kosmenko (S. 75)
Gesamtherstellung	Friends Media Group GmbH www.friends-media-group.de

Gedruckt auf Recystar matt (100% Altpapier, „Blauer Engel“)

Für Dorothe, Donata, Tabea und Dorina –

ohne euch wäre das Buch nicht entstanden.

Inhaltsverzeichnis

Vorwort

Kurz – bündig – kompakt

Als Albert Einstein seine Dissertation abgab, umfasste sie ganze 17 Seiten. Die Gutachter waren beeindruckt vom Inhalt. Dennoch forderten sie ihn auf mehr zu schreiben. Er soll dann eine Woche lang darüber nachgedacht haben, um anschließend noch einen weiteren Satz hinzuzufügen und die Arbeit wieder abzugeben. Die Arbeit wurde angenommen.

Peter Drucker, den viele für das erste wahre Genie in der Managementforschung halten, hat den Zweck eines Unternehmens in weniger als 75 Worten zusammengefasst. Und dennoch bilden diese Wörter die Grundlage für einen großen Teil der Managementliteratur der letzten Jahrzehnte.[1]

Nun bin ich weder Einstein noch Drucker, aber mein Anliegen ist dasselbe: Die wichtigsten Themen zur Erlebnispädagogik sollen in einem einzigen Buch in kompakter und komprimierter Form klar verständlich beleuchtet werden und so einen Einstieg in diesen Bereich ermöglichen. Dabei werden die einzelnen Themen in ihren wichtigsten Aspekten dargestellt, für die weiterführende Diskussionen oder Informationen wird auf Literatur hingewiesen, die die einzelnen Themen differenzierter und tiefergehend darstellen.

In meiner Arbeit als Dozent und Ausbilder von Erlebnispädagogen[2] habe ich immer wieder wertvolle Literatur zu Einzelthemen der Erlebnispädagogik gefunden. Aber was mir fehlte, war ein einziges Buch, in dem die wichtigsten Themen für die Ausbildung von Erlebnispädagogen in kompakter Form als Bindeglied zwischen Theorie und Praxis dargestellt und erklärt werden. Deshalb ist dieses Buch entstanden.

Bad Liebenzell, Sommer 2016

Einführung in die Erlebnispädagogik

Einführung in die Erlebnispädagogik

Erlebnispädagogik ist heutzutage zu einem schillernden und weitgefächerten Begriff geworden, unter dem sich eine Vielzahl von Aktivitäten und Programmen, vermehrt auch im kommerziellen Bereich, subsummiert.[3] Gerade deshalb ist es notwendig, sich mit dem eigentlichen Kern der Erlebnispädagogik, sowie ihren Chancen und Grenzen auseinander zu setzen.[4]

1. „Just for fun" oder Erlebnispädagogik

Die Zielrichtung bestimmen

Bei den vielfach angebotenen Programmen und Maßnahmen, die sich mit dem „Schwerpunkt Erlebnis"[5] befassen, bedarf es einer genaueren Betrachtung, was Menschen darunter verstehen, wenn sie davon reden, dass sie – wie des Öfteren formuliert – „Erlebnispädagogik gemacht haben". Schon die Formulierung lässt aufhorchen. Bei näherem Nachfragen stellt sich meist heraus, dass es sich um Freizeitaktivitäten handelt, die einen gewissen Event- und Erlebnischarakter haben, aber von einer erlebnis*pädagogischen* Maßnahme noch weit entfernt sind. Solche Aktionen, die unbestritten schön sein können, interessant sind und Spaß machen und die keinesfalls abzulehnen sind, können allenfalls erlebnisorientiert, aber nicht erlebnispädagogisch genannt werden.

Damit ergeben sich zwei grundlegend verschiedene Programmtypen, die sich durch ihre inhaltliche Zielrichtung unterscheiden:

- Zielrichtung „Just for fun": Unterhaltung, Kick, Fun, Action
- Zielrichtung „Bildung/Pädagogik": Persönlichkeitsentwicklung, Entwicklungsprozesse

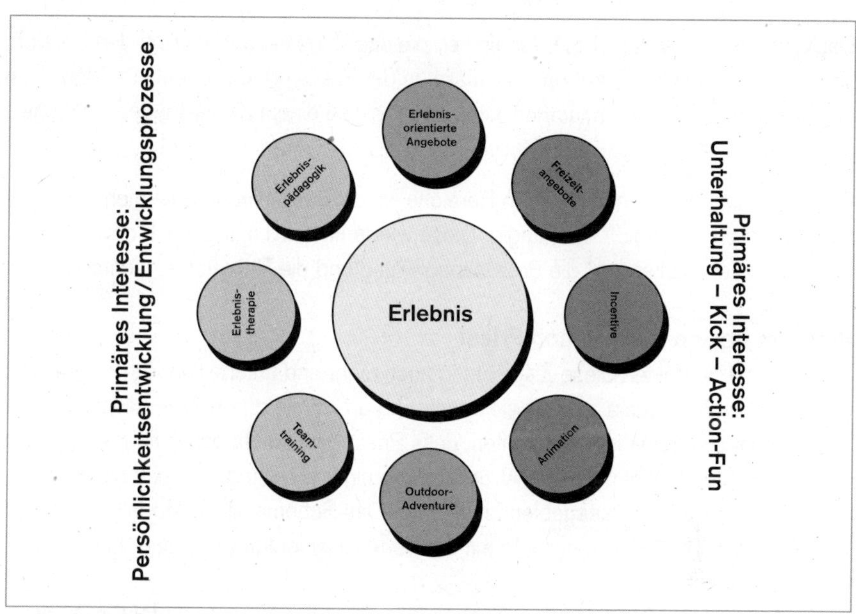

Grafik 1: Erlebnis

Von dieser Zielrichtung herkommend, lassen sich Freizeitangebote, Incentives und Animationen dem Bereich „Just for fun" zuordnen. Reine „Just-for-Fun"-Aktionen sind nicht oder nur indirekt pädagogisch einsetzbar. Wer bei einem Freizeitangebot oder im Anschluss an ein Incentive mit den Teilnehmern in eine Auswertungsrunde einsteigen will, um Transferpotentiale zu erarbeiten, wird wohl auf erstaunte Gesichter treffen. Das entspricht in diesem Fall nicht dem Handlungsmotiv der Teilnehmer (und auch nicht der des Veranstalters).[6]

Dagegen fallen Teamtraining, Erlebnistherapie und Erlebnispädagogik in den Bereich „Bildung/Pädagogik“. Daneben lassen sich in der Praxis erlebnisorientierte Maßnahmen und Outdoor-Maßnahmen nicht immer gleich einem dieser beiden Bereiche zuordnen.

Die Einordnung in einen der beiden Bereiche ist von der Zielrichtung – mehr „Just for fun“ oder mehr „bildend“ – abhängig. Diese wiederum wird maßgeblich davon beeinflusst, welchen Stellenwert die Prozessbegleitung und die Reflexion einnehmen.[7]

Program design nach Simon Priest

Simon Priest[8] verfeinert diese Zielrichtung noch mehr und unterteilt in vier Programmtypen, *„program designs“*, wie er sie nennt, und grenzt sie durch Akzentsetzungen voneinander ab. Dabei ist zu beachten, dass Priest damit nicht ganzheitliche Lernerfahrungen zerstückeln will. Die Akzentuierung einer Zielkategorie heißt nicht, „dass die anderen Kategorien ausgeblendet werden. Das Schema ist als Modell, als Hilfestellung zu begreifen, um Konzepte mit definierten Zielrichtungen besser fassen und einordnen zu können.“[9]

- Freizeit und Erholung: Mit dem Stichwort „change the way people feel“ setzt er in diesem *program design* den Schwerpunkt auf die affektiven Ziele. Die Maßnahme soll einer Entspannung und Erholung dienen, bei dem die Teilnehmer ihren Spaß haben und dieser auch im Vordergrund steht.
- Bildung: Darunter subsumiert Priest all jene Maßnahmen, bei der im Vordergrund die Verfolgung kognitiver Ziele steht. Der Teilnehmer soll etwas erleben, soll aber darüber ins Nachdenken und reflektieren gebracht werden („change the way people think“).

- Training: Bei diesem *program design* liegt der Akzent auf verhaltensbezogenen Zielen („change the way people behave“). Der Teilnehmer wird angeregt neues Verhalten nicht nur kognitiv zu erkennen, sondern auch gleich konkret in einer Aktion umzusetzen.
- Therapie: Der Akzent liegt hier auf den therapeutischen Zielen. Teilnehmer sollen lernen, falsche Verhaltensweisen ab- und neue fördernde oder hilfreiche Verhaltensweisen aufzubauen und zu lernen („change the way people misbehave“).

Damit reiht Priest auch den Aspekt „Freizeit und Erholung“ in den Bereich der Pädagogik mit ein, weil er unter diesem Aspekt, auch wenn von den Teilnehmern unreflektiert, ein (zugegebenermaßen minimales) pädagogisches Ziel („change the way people feel“) verfolgt. Meine eigenen Erfahrungen zeigen, dass selbst dann, wenn eine Maßnahme im Sinne von „just for fun“ konzipiert und durchgeführt wurde, sie oftmals auch ohne Reflexion Auswirkungen auf die Gruppendynamik hatte.

2. Eine Definition der Erlebnispädagogik

Ein unmögliches Unterfangen

Eine exakte Definition von Erlebnispädagogik zu formulieren ist nicht möglich.[10] Zu groß ist die Bandbreite und das Gesamtspektrum[11], das mit „Erlebnispädagogik“ etikettiert wird (Abenteuerpädagogik, Wildnispädagogik, City Bound, Outdoorpädagogik, Zirkuspädagogik, um nur einige zu nennen). Paffrath bringt es plastisch auf den Punkt:

> *„Die Absicht, eine eindeutige Definition der Erlebnispädagogik zu finden, ähnelt dem Vorhaben, einen Pudding an die Wand zu nageln. Es bleiben nur schwache Konturen zurück.“*[12]

Durch diese Heterogenität ist es in der Vergangenheit noch nicht richtig gelungen, diese unterschiedlichen Entwicklungslinien richtig miteinander zu verknüpfen. Es „fällt auf, dass die Fäden meist aneinander vorbeilaufen, ohne sich zu berühren. Es fehlen Verknüpfungen, die theoriebildend sein könnten“.[13]

Dennoch ist Paffrath[14] zuzustimmen, wenn er deutlich macht, dass, „wenngleich eine Definition die Wirklichkeit in ihrer Vielfalt nicht abbilden kann, abstrakt bleiben muss, [...] es dennoch sinnvoll [ist], das Grundprinzip möglichst prägnant zu formulieren“. In diesem Sinn sind Definitionen zwar nicht wertneutral und objektiv, aber dennoch Hilfsmittel und Verständigungsgrundlage, um die jeweilige Position oder den jeweiligen Schwerpunkt zu verdeutlichen.

Es ist deutlich geworden, dass Erlebnispädagogik nicht in erster Linie mit einem erhöhten Adrenalinspiegel gleichzusetzen ist. Sie ist auch nicht Schulung in speziellen Sportarten, wie sie von kommerziellen Sportorganisationen angeboten werden. Sie ist außerdem nicht gleichzusetzen mit Extremsportarten oder einem Überlebenstraining, sondern hat mit einer pädagogischen Zielsetzung und auch mit pädagogischer Betreuung zu tun.

> *„Abenteuer finden nicht ohne pädagogische (Vor-/Während-/Nach-)Betreuung statt.“*[15]

Der Fokus liegt in erster Linie nicht auf dem Erlebnis, sondern auf der Pädagogik, auf dem, was durch dieses Erlebnis erreicht bzw. ausgelöst werden soll. Um es mit Priest in kompakter Form zu sagen: „Change the way people feel, think, behave and misbehave.“ Ähnlich betonen auch Heckmair/Michl in ihrer Definition von Erlebnispädagogik, dass durch „exemplarische Lernprozesse, in denen junge Menschen vor physische, psychische und soziale Herausforderungen gestellt werden“, diese in ihrer Persönlichkeitsentwicklung gefördert und befähigt werden sollen „ihre Lebenswelt verantwortlich zu gestalten“[16].

Hier sind für die hier behandelte Fragestellung die Begriffe „Lernprozesse“, „Herausforderungen“, „Persönlichkeitsentwicklung fördern“ und „befähigen“ wichtig. Sie machen deutlich: Im Mittelpunkt stehen (herausfordernde) Lernprozesse, die auf Entwicklung zielen. In erlebnispädagogischen Aktionen sollen Menschen – im Gegensatz zu Heckmair/Michl sollte das nicht nur auf junge Menschen beschränkt sein[17] – etwas lernen, herausgefordert werden, ihre Persönlichkeit gefördert und sie für die Gestaltung ihrer Lebenswelt befähigt werden.

Auch Senninger betont diesen pädagogischen Impetus:

> *„Der Bewusstseinsprozess wird dabei [bei erlebnispädagogischen Maßnahmen] gezielt gefördert, um zu eigenständigen Entscheidungen gelangen zu können.“*[18]

Erlebnispädagogik ist nach Senninger zielorientiertes Arbeiten, das sich aller Sinne bedient und einen Bewusstseinsprozess fördern will und somit den Teilnehmer zu einem eigenständigen Entscheiden und damit auch Handeln führen will.

Rutkowski betont noch einen weiteren Aspekt:

> *„Erlebnispädagogik ist eine auf Ziele hin ausgerichtete, aber prozessorientierte pädagogische Intervention mit Medien, welche Ereignisse ermöglichen, die sich stark vom Alltag der Adressaten unterscheiden.“*[19]

Ihm geht es bei Erlebnispädagogik um eine an den Prozess des Gruppengeschehens angepasste ganzheitliche Intervention, um ein Ziel zu erreichen. Dabei spielt das Medium eine untergeordnete Rolle. Er fragt zunächst nach dem Ziel und erst anschließend mit welcher Intervention, durch welches Medium (Kajak, Klettern, Kooperationsübungen etc.) dieses erreicht werden kann.

Von Erlebnispädagogik lässt sich aus diesen Definitionen folgernd nur dann reden, wenn das Konzept und die Maßnahme primär ein pädagogisches Ziel verfolgen, das sich aber nur nach vorangegangener Analyse der Gruppe oder des Teams erstellen lässt,[20] wobei Lernprozesse angestoßen und begleitet werden und die Persönlichkeit des Einzelnen gefördert wird. Wenn dabei die Erlebnisintensität steigt, ist das in Ordnung, sollte aber nicht im Vordergrund stehen.

Fazit einer Definition

Erlebnispädagogik darf nicht nur als Methode oder Aktion, als „Kick" und „Nervenkitzel", verstanden werden. Es geht auch nicht primär nur um Ausbildung und Training von Soft Skills, noch sind die Aktivitäten nur auf den Naturraum und Natursportarten begrenzt. Vielmehr ist Erlebnispädagogik als ein Gesamtkonzept zu verstehen. Es fokussiert ein ganzheitliches Lernen mit Kopf, Herz und Hand durch unterschiedlich herausfordernde Aktivitäten und will dadurch Zustands- und Entwicklungsprozesse anstoßen und den Teilnehmer in seiner Entwicklung fördern und fordern. Dabei steht nicht das Erlebnis im Mittelpunkt, es geht „nicht um das Erlebnis selbst, vielmehr um seine bildende, entwicklungsfördernde Funktion".[21]

Dieser Ansatz führt zu der folgenden Definition:

> *„Erlebnispädagogik ist ein handlungs- und erfahrungsorientiertes Erziehungs- und Bildungskonzept. Physisch, psychisch und/oder sozial herausfordernde, nicht alltägliche, erlebnisintensive und von einem Pädagogen moderierte und*

mit den Teilnehmern reflektierte Aktivitäten dienen als Medium zur Förderung ganzheitlicher Lern-, Veränderungs- und Entwicklungsprozesse. Ziel ist es, Menschen in ihrer Persönlichkeitsentfaltung zu unterstützen und zu einer verantwortlichen Gestaltung ihrer Lebenswelt zu befähigen.“

In Erweiterung zu Paffrath ist der Aspekt der Moderation durch einen Pädagogen (wobei dieser Begriff hier sehr weit gefasst wird) und die ausdrückliche Erwähnung der Reflexion mit den Teilnehmern dazugekommen. Außerdem wurde Paffraths „verantwortliche Mitwirkung in der Gesellschaft“ erweitert in „verantwortliche Gestaltung ihrer Lebenswelt“, um die weiteren sozialen Bezüge des Teilnehmers aufzugreifen.

Lernen mit Kopf, Herz und Hand

Erlebnispädagogik erhebt den Anspruch, dass Lern-, Veränderungs- und Entwicklungsprozesse in Teilnehmern initiiert und angestoßen werden. So ist in der Pädagogik seit Johann Heinrich Pestalozzi (1746–1827) der pädagogische Grundsatz „Lernen mit Kopf, Herz und Hand ist effektiver“ geläufig. Es gilt den Menschen in seiner Ganzheit zu sehen und nicht nur in seiner Kognition. Es ist unbestritten: Je mehr Sinne in Anspruch genommen werden, desto besser werden Inhalte behalten und verinnerlicht. Es ist allgemein anerkannt (Behaltenskoeffizient), dass wir nur 10 % von dem behalten, was wir lesen, immerhin 20 % von dem, was wir hören, 30 % von dem, was wir sehen, aber 50 % von dem, was wir hören und sehen, 70 % von dem, was wir sehen, hören und selbst sagen und 90 % von dem, was wir danach auch selbst tun. Nicht umsonst heißt es, dass jemand etwas „begriffen" hat. Von Konfuzius stammt die Aussage: „Sage es mir, und ich vergesse es; zeige es mir, und ich erinnere mich; lass es mich tun, und ich behalte es.“

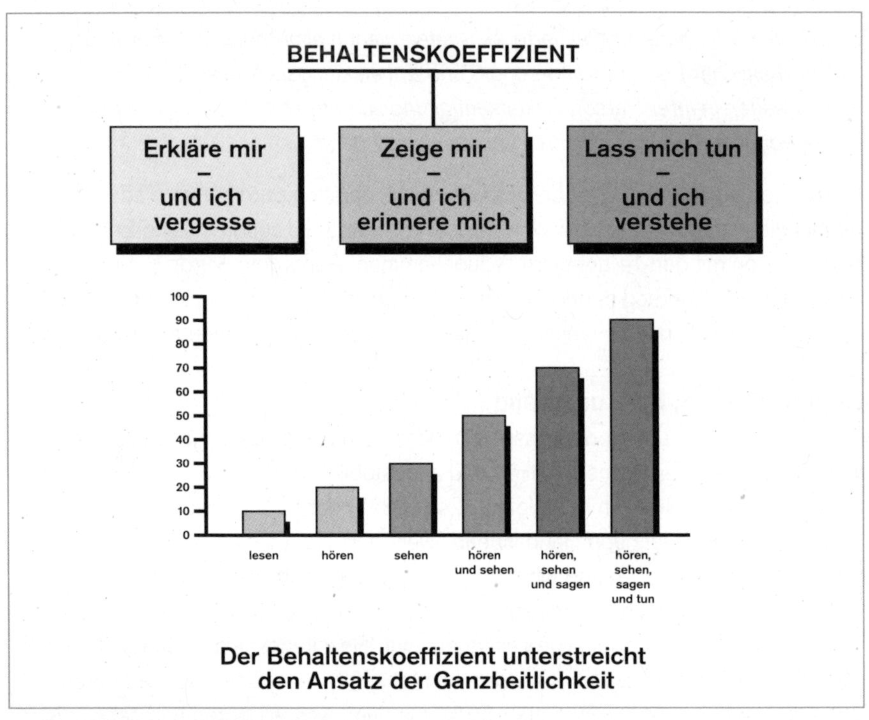

Grafik 2: Behaltenskoeffizient

Die „E-Kette": Ereignis – Erlebnis/Erleben – Erfahrung – Erkenntnis/Einsicht

Mittels der „E-Kette"[22] lässt sich dieser Prozess des erlebnispädagogischen Lernens beschreiben: Ein Mensch durchlebt seinen Alltag ohne besondere Vorkommnisse.

Im Gegensatz zu „leben“ – so Zielke[23] – setzt das „Erleben aber Bewusstsein“ voraus, d. h. ein nicht alltägliches Ereignis oder eine nicht alltägliche Handlung, denn alltägliche Handlungen werden automatisch erledigt, sie benötigen kein bewusstes Nachdenken.[24] Aus diesem nicht alltäglichen Ereignis (z. B. einer erlebnispädagogischen Aktion) kann mit Hilfe von Emotionen ein Erlebnis werden, anders ausgedrückt: die Person kommt ins Erleben, sie ist mit allen Sinnen dabei und gefesselt, weil es sie persönlich berührt. Mit solch einem Erlebnis ist ein Vorgang verbunden, der auf die beteiligte Person wirkt und so werden Ereignisse individuell bearbeitet und verarbeitet.

> *„Dies bedeutet, dass ein bestimmtes Ereignis nicht einfach ein Erlebnis ist, sondern es für den Einzelnen zum Erlebnis wird, wenn es sich von seinen bisherigen Erfahrungen unterscheidet.“*[25]

Aus diesen Erlebnissen können dann Erfahrungen werden, wenn sie durch Reflexion, oftmals von außen angestoßen und adäquat unterstützt, verarbeitet werden, die zu einer „Zustandsveränderung in der Struktur des Systems“ führt. Aus diesen Erfahrungen erwachsen „schließlich Erkenntnisse, aus diesen können möglicherweise Einsichten resultieren, die als die höchste Stufe menschlicher Weisheit zu bezeichnen sind“.[26]

Damit wird auch deutlich, dass sich „Erlebnisse per se nicht kreieren und steuern lassen“[27] und kein direkter linear-kausaler Zusammenhang zwischen Erlebnis, Erfahrung und Erkenntnis hergestellt werden kann. Es können nur günstige Rahmenbedingungen geschaffen werden, die auf die jeweiligen Teilnehmer zugeschnitten sind und von daher die Wahrscheinlichkeit hoch ist, dass die Teilnehmer ins „Erleben“ kommen. Ob es dazu aber kommt, liegt ganz beim Teilnehmer.[28]

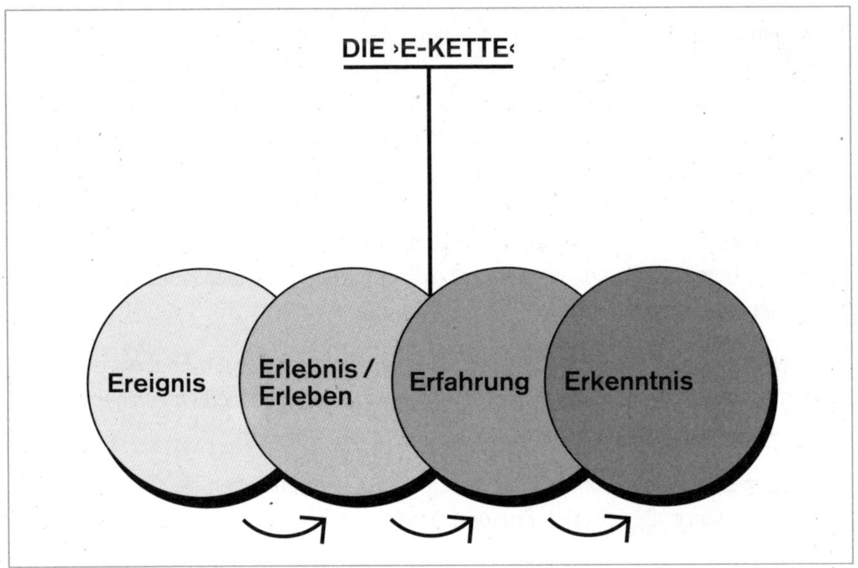

Grafik 3: E-Kette

3. Methodische Prinzipien der Erlebnispädagogik

Lernen durch Grenzerfahrung

Eine Lernsituation soll, kann und darf eine Gruppe/einen Einzelnen an subjektive Grenzen bringen, mit denen es gilt, sich positiv auseinanderzusetzen. Das führt dazu, dass dabei eine Grenzerweiterung erlebt wird oder der Betreffende lernt die Grenze anzunehmen.[29] Dabei ist es wichtig, dass der einzelne Teilnehmer sich als „Selbst-Entscheider“ und „Lenker“ erlebt, der sich bewusst auf diese Übung einlässt.

Grenzerfahrungen verunsichern gewohnte Verhaltensmuster und lösen Krisen auf mehreren Ebenen aus. Von daher haben sie auch eine eher bedrohliche Seite, die beachtet werden muss:

- Kognitive Ebene: Irritation, Konfusion, Desorientierung, Chaos
- Emotional/psychische Ebene: Beunruhigung, Verstörung, Ärger, Angst
- Physiologische Ebene: Ausschüttung von Adrenalin, erhöhte Anspannung
- Handlungsebene: Erschrecken, Flucht, Aggression[30]

Während solche Grenzerfahrungen einerseits die Möglichkeit zur Veränderung und des Erfolgs bieten, machen sie auch andererseits deutlich, dass es auch die Möglichkeit des Versagens, der Verletzung oder des Gesichtsverlustes gibt.[31]

Nicht jede Grenzerfahrung wird auch automatisch zur Grenzüberschreitung. Manchmal kommt es zu einem Zurückweichen, zu einem Anerkennen der Grenzen oder auch zu einem Scheitern, beim Versuch die Grenze zu überschreiten. Wenngleich solche Erfahrungen nicht unbedingt erfreulich sind, liegt auch in ihnen ein großes Lernpotential.

> *„Fehlversuche sind gewagte Grenzüberschreitungen und deshalb als willkommene Lernchancen anzuerkennen.“*[32]

Damit Grenzerfahrungen positiv verarbeitet werden können, bedarf es allerdings einer einfühlsamen und kompetenten Begleitung. Außerdem ist es nicht immer sinnvoll und auch ethisch zu hinterfragen, Extremsituationen und Krisen als „Mittel zur Entwicklungshilfe“[33] zu inszenieren.

Lernen geschieht aber nicht nur durch Grenzerfahrungen.[34] Auch in der Komfortzone ist Lernen und Weiterentwickeln möglich und nötig. Lernen kann „durchaus im sicheren, vertrauten Feld erfolgen, Leistungen lassen sich durch Üben und Anwenden steigern. Im sicheren Terrain sind spielerische, freiwillige Erkundigungen möglich."[35] Auch Zielke[36] macht deutlich, dass „Lebewesen ... auch ohne Herausforderung durch erlebnispädagogische Angebote zum Lernen angeregt werden können".

Wie beim Lernen durch Grenzerfahrungen, hat auch das Lernen in der Komfortzone seine Gefahrenpunkte: Lernen in der Lernzone darf nicht idealisiert werden. Beide Ansätze bieten Lernmöglichkeiten und dürfen nicht gegeneinander ausgespielt werden.[37]

Aktion und Reflexion

Aktionen sollen und dürfen nicht in Aktionismus ausarten, nach dem Motto „Erleben statt Reden" oder „Ich will mehr".[38]

Erleben und Reden müssen aufeinander aufbauen und ineinander greifen und eine gut ausgewogene Mischung zwischen Aktion und Reflexion sein. Aktivitäten sollen immer einen Bezug zum Alltag herstellen.

> *„Reflexion ist ein wichtiger Bestandteil des nötigen Transfers, damit die Aktion nicht als Erlebnis stehen bleibt, sondern zu einer zielgerichteten Lernerfahrung wird."*[39]

Selbstorganisation

Ein zentrales Prinzip in der Erlebnispädagogik ist die Selbstorganisation der Gruppe und damit die Unterstützung der Fähigkeit zu einem selbstbestimmten und selbstverantwortlichen Lernen. Insbesondere in der Durchführungsphase einer Übung muss sich der Pädagoge (Leiter der Übung) zurücknehmen und die Gruppe die Verantwortung übernehmen lassen. Nur wenn die seelische oder körperliche Sicherheit der Teilnehmer nicht gewährleistet ist oder wo aus pädagogischen Überlegungen eine Intervention hilfreich sein könnte, greift der Pädagoge ein.

Freiwilligkeitsprinzip – challenge by choice

Auch wenn es so scheint, dass die Erlebnispädagogik die Gruppe in den Mittelpunkt stellt, so ist doch der Einzelne der Mittelpunkt der pädagogischen Überlegung (Orientierung am Individuum)[40]. Jeder soll sich entwickeln können und dies im Rahmen einer Gruppe. Seine Bedürfnisse dürfen nicht ohne weiteres durch die Gruppe geopfert oder durch Gruppenzwang unterdrückt werden. Auf die Bedürfnisse, Fähigkeiten und Fertigkeiten der Einzelnen wird eingegangen. Er selbst bestimmt den Grad seiner persönlichen Herausforderung. Wenn Teilnehmern die eigene Entscheidungsfähigkeit genommen wird, wird auch schnell die Verantwortung für Erfolg und Misserfolg dem Entscheidungsträger zugeschrieben. Diese Art von Außensteuerung hätte zur Folge, dass für den einzelnen Teilnehmer kein Lernprozess entsteht.[41]

Alle Übungen sind freiwillig und stehen unter dem Motto: „Keiner muss, jeder darf." Gewiss wird der Pädagoge gerade an der Schwelle zu einer Grenze ermutigen, unterstützen und herausfordern, aber die letzte Entscheidung liegt beim einzelnen Teilnehmer. Und diese Entscheidung muss unbedingt respektiert werden. Dennoch darf das Prinzip der Freiwilligkeit nicht zu einem Prinzip der Beliebigkeit werden, wo sich der Einzelne nach Lust und Laune in die Maßnahme und das Gruppengeschehen einklinken und ausklinken kann, wann er will.

> *„Dieses Prinzip erfordert Fingerspitzengefühl, damit das richtige Maß getroffen wird und die Freiwilligkeit bleibt und nicht zur Beliebigkeit wird."*[42]

4. Die pädagogische Zielrichtung

Im Zentrum der Erlebnispädagogik stehen die Entfaltung der Persönlichkeit des Teilnehmers, das Wahrnehmen/Erkennen und die Entfaltung seiner in ihm (von Gott) angelegten Potentiale und Ressourcen, aber auch der Umgang mit seinen Ängsten und Begrenzungen. Der Focus liegt nicht auf einer Defizitorientierung, die ihre Aufmerksamkeit darauf richtet, Fehler zu erkennen und deutlich zu machen, sondern auf einer Wachstumsorientierung, die wegkommt von der reinen Vermittlung von Inhalten hin zu einer Vermittlung und Erweiterung von Kompetenzen.

Um dieses Ziel zu erreichen bedarf es einer Herausforderung, die psychischer mentaler, physischer oder sozialer Natur sein kann. Sie muss von der Gruppe/dem Einzelnen als anspruchsvoll, jedoch nicht unüberwindbar oder unlösbar angesehen und empfunden werden. Herausforderungen sind deshalb nichts Statisches, sondern müssen der jeweiligen Gruppe und der Situation angepasst werden. Dabei können Problemlösungsprozesse manchmal mühsam, zäh und auch spannungsgeladen sein. Der Umgang mit einem Zustand des Ungleichgewichtes – auf der einen Seite die mehr oder weniger umrissene Aufgabenstellung und auf der anderen Seite konstruktive Gestaltungsmöglichkeiten – zur Lösung der Aufgabe tragen dazu bei, dass Lernprozesse in Gang gesetzt werden. Dabei liegt das Augenmerk nicht nur auf der Lösung bzw. der Erreichung des Zieles (Zielorientierung), sondern auch der Weg dorthin spielt eine wichtige Rolle (Prozessorientierung). Gute Beziehungen untereinander tragen positiv zu einer Bewältigung der Herausforderungen bei. Die grundlegenden Qualitäten einer hilfreichen Beziehung hat Carl Rogers mit den drei Aspekten „Wertschätzung“, „Einfühlungsvermögen“ und „Echtheit“ beschrieben. An hilfreichen Beziehungen muss immer wieder gearbeitet werden, vor allem zu Beginn einer gemeinsamen Arbeit. Sie brauchen Zeit und Freiheit zur Entwicklung.

Der Erlebnispädagoge

Der Erlebnispädagoge

Erlebnispädagogische Maßnahmen in ihrer Komplexität entfalten ihre pädagogische Wirkung nicht von sich selbst und auch nicht aus sich selbst heraus. Sie sind immer abhängig von der Person des Erlebnispädagogen. Mitentscheidend neben seiner Ausstrahlung und Persönlichkeit ist sein angemessenes Agieren. Seine Kompetenz im Bereich der Vorbereitung, Präsentation, Durchführung, Reflexion und Nachbereitung einer Maßnahme spielt dabei eine wichtige Rolle.[43] Rohnke und Butler[44] sprechen von einer Kunst, die „teilweise [aus] Gefühl, ein bisschen Intuition, ein Teil Analyse, Theorie und eine Portion Erfahrung" besteht. Die richtige Mischung aus aktiven und passiven, beobachtenden und impulsgebenden Elementen, aus Theoriewissen und Erfahrung, aus Planung und Intuition macht diese Kunst aus, die im eigentlichen Sinn „nicht durch ein Buch vermittelt oder erlernt werden"[45] kann und für die es auch kein allgemeingültiges Rezept gibt. Vielmehr liegt es in der Verantwortung des einzelnen Erlebnispädagogen, „sich individuell zu qualifizieren und im Team zu ergänzen".[46]

1. Das Anforderungsprofil eines Erlebnispädagogen

Es ist nicht verwunderlich, dass noch „nicht annähernd ein allgemein anerkanntes Berufsbild des Erlebnispädagogen entwickelt wurde"[47], ist doch das Spektrum der Erlebnispädagogen so vielgestaltig wie das Spektrum der Erlebnispädagogik.[48] Heckmair und Michl zeigen auf, dass Erlebnispädagogen keine homogene Zusammensetzung wie andere Berufsgruppen aufweisen, sondern vielmehr heterogen zusammengesetzt sind, von „einem Seemann mit Kapitänspatent, der Segeltörns für ehemalige Drogenabhängige anbietet", über eine „Erzieherin, die heilpädagogisches Reiten für behinderte Jugendliche durchführt" bis hin zur „Sozialpädagogin, die eine Floßfahrt mit Jugendlichen ihres Erziehungsheimes begleitet".[49]

Dennoch ist nach einem charakteristischen Anforderungsprofil eines Erlebnispädagogen zu fragen, ohne dabei den Erlebnispädagogen zu einem Alleskönner zu stilisieren.[50] Nickolai und Harder formulierten erstmals auf der Baader Tagung eine differenzierte Definition:

> *„[Erlebnispädagogen] müssen Experten sein für ein Medium, das sie anbieten, sie bedürfen einer pädagogischen Qualifikation, deren Umfang und Intensität davon abhängt, mit welchem Personenkreis sie arbeiten."*[51]

Weiterhin forderten sie ein erlebnispädagogisches Profil ein:

> *„Einerseits soll er [der Erlebnispädagoge] pädagogische und psychologische Kompetenz, andererseits fachlich-sportliche Fähigkeiten mitbringen. Eine wesentliche Voraussetzung ist darüber hinaus ein hohes Maß an Reflexionsvermögen sowie die Bereitschaft, sich zurücknehmen zu können. … Gefragt sind deshalb Persönlichkeiten, die sich … weniger als alleskönnende Animateure denn als sensible Moderatoren verstehen."*[52]

Diese in fast allen Modellen geforderte Handlungskompetenz ergibt sich aus der Schnittmenge von Fachkompetenz, Methodenkompetenz, Sozialkompetenz und Selbstkompetenz.[53]

***Fachkompetenz**, auch Sachkompetenz oder Fachkenntnis genannt, bezeichnet die Fähigkeit aufgrund von theoretischem Wissen berufstypische Aufgaben oder Sachverhalte eigenständig bewältigen zu können.*

***Methodenkompetenz** ist die Fähigkeit, bestimmte Lern- und Arbeitsmethoden anzuwenden und selbstständig neue Lern- und Wirklichkeitsbereiche zu erschließen.*

***Sozialkompetenzen** „beschreiben die Fähigkeiten, die erforderlich sind, um Kontakte zu anderen Menschen herzustellen und aufrechtzuerhalten. Sozialkompetenzen entstehen aus dem Zusammenwirken mehrerer Grundfähigkeiten: Empathie, die Fähigkeit, andere Menschen wahrzunehmen, eigene und fremde Bedürfnisse zu erkennen und kommunikativ zu einem konstruktiven Austausch beizutragen." (Zuffellato/Kreszmeier 2007:152) Zu den Sozialkompetenzen zählen z. B. Teamfähigkeit, Konfliktfähigkeit, Kommunikationsfähigkeit.*

***Selbstkompetenzen** „stehen für die notwendigen Fähigkeiten, um mit sich selbst umgehen und sich selbst führen zu können. Sie umfassen Ressourcen und Kompetenzen, die gesunde selbständige Menschen ausmachen". (Zuffellato/Kreszmeier 2007:145) Zu den Selbstkompetenzen, auch Humankompetenz oder Persönlichkeitskompetenz genannt, gehören z. B. Flexibilität, Kreativität, Selbstständigkeit.*

Kölsch/Wagner unterscheiden im Anforderungsprofil zwei verschiedene Bereiche: Zum einen die „Persönlichkeit des Einzelnen" und ein „Pool" von Qualifikationen, die „nicht (mehr) in einer Person versammelt sein müssen, sondern sich in ihrer Gesamtheit im Team finden und je nach Zielgruppe und inhaltlicher Struktur des Trainings unterschiedlich sind".[54]

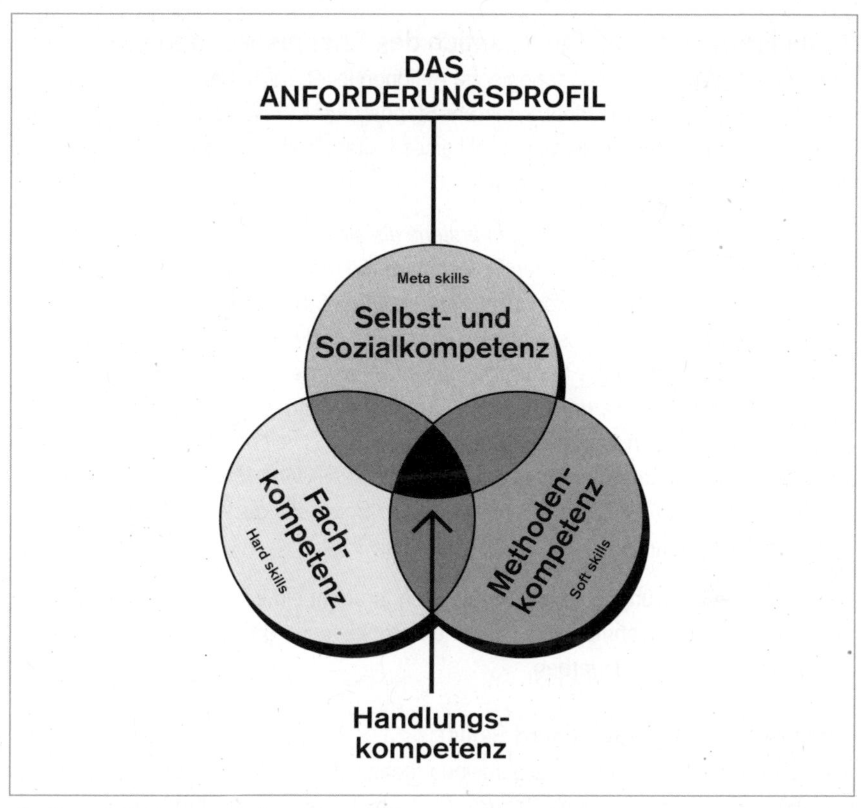

Grafik 4: Anforderungsprofil

2. Die Frage nach der Qualifikation des Erlebnispädagogen

Ohne Frage: Wer erlebnispädagogische Aktionen leitet, sollte dazu auch qualifiziert sein. Annette Reiners beschreibt in ihrem Standardwerk „Praktische Erlebnispädagogik" das generelle Anforderungsprofil eines Leiters in der Erlebnispädagogik sehr treffend und auf den Punkt gebracht so:

> *„Ich sehe den Erlebnispädagogen erstens als einen Architekten von Lernsituationen; von Situationen, die den Teilnehmern die Möglichkeit bieten, sich selbst als Individuum und sich selbst als Gruppenmitglied zu erfahren, um bisherige Verhaltensweisen und Einstellungen überprüfen und gegebenenfalls verändern zu können; zweitens als Person, die diese Erfahrungen mit Teilnehmern aufarbeitet und reflektiert, um eine Übertragung ins Alltagsleben zu ermöglichen und drittens als den Verantwortlichen, der die Sicherheit der Teilnehmer gewährleistet. Der Betreuer muss dabei viele verschiedene Rollen übernehmen, wie zum Beispiel die des Trainers, des guten Beispiels, der Autoritätsfigur, des Initiators, des Kumpels, des Beschützers usw."*[55]

Um diesen Anforderungen gerecht zu werden, braucht ein Leiter von erlebnispädagogischen Maßnahmen verschiedene Fertigkeiten und Fähigkeiten, die im Folgenden kurz skizziert werden.

Technische Fertigkeiten (Hard Skills)

In diesen Bereich gehören die allgemeinen technischen-instrumentellen Fertigkeiten in Natur- oder Fachsportarten (Klettern, Seiltechnik, Kanu fahren etc.), Ausbildungen (Bergführer, Höhlenführer, Hochseilgartentrainer etc.), aber auch Kenntnisse und Fertigkeiten in Bezug auf Sicherheitsstandards, rechtliche Grundlagen, Materialkunde, Erste Hilfe, umweltbezogene Faktoren[56] und natürlich auch den Umgang mit und die Durchführung von erlebnispädagogischen Übungen. Je nach Schwerpunkt des einzelnen Erlebnispädagogen gibt es zwar bestimmte Grundstandards, die er kennen und können muss, aber darüber hinaus braucht natürlich z. B. ein Hochseilgartentrainer andere Hard Skills als ein Trainer, der City Bound Aktionen bevorzugt oder Orientierungs- und Wildnis-Aktivitäten anbietet.[57] Grundsätzlich gilt aber: Der Leiter muss in der Natursportart kompetent sein, die er als Medium verwendet. Es geht aber dabei nicht darum, dass er seine Fähigkeiten unter Beweis stellt, sondern dass er seine Fähigkeiten für das Wohl der Gruppe einsetzt.

Zu einem qualifizierten Leiterverhalten gehört neben der Fachkenntnis auch Erfahrung. Diese bekommt man nicht von jetzt auf nachher, sondern durch Ausbildungen, angeleiteten und reflektierten Erfahrungen und durch die Praxis.

Psychologisches und pädagogisches Können (Soft Skills)

Unter die Soft Skills fallen alle psychologischen und pädagogischen Fähigkeiten und Sozialkompetenzen, die ein Erlebnispädagoge braucht, um eine Gruppe angemessen führen und leiten und um mit ihnen sinnvoll und angemessen arbeiten zu können. Dazu gehören u. a. Kenntnis über die Bedürfnisse und Fähigkeiten der Gruppe, Fähigkeit zur Planung, Gestaltung und Auswertung erlebnispädagogischer Maßnahmen, methodisch-didaktische Kompetenzen, Einfühlungsvermögen, Prozessbegleitung, Flexibilität, Reflexionsmethoden, Kommunikationsfähigkeit. Dabei lautet der Grundsatz: „Je schwieriger das Klientel, umso qualifizierter die Ausbildung."[58] Je schwieriger die Gruppe ist, desto mehr wird der Erlebnispädagoge mit seinen Soft Skills gefordert.

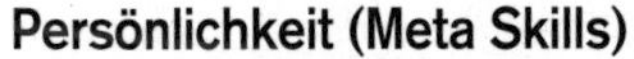

Persönlichkeit (Meta Skills)

Hier geht es nicht in erster Linie um eine Ausbildung, sondern um die Persönlichkeit und den Charakter des Erlebnispädagogen, die „während der Arbeit mit der Gruppe und in der Zusammenarbeit innerhalb eines Teams“[59] zum Tragen kommt. In diesen Bereich gehört die Selbst- und Sozialkompetenz des Erlebnispädagogen, seine Glaubwürdigkeit und Authentizität, seine Einsatzbereitschaft und Motivation (-sfähigkeit), seine Kommunikations- und Beziehungsfähigkeit, seine Belastbarkeit und Frustrationstoleranz, seine Offenheit und Gelassenheit, seine Initiative und Kontaktbereitschaft, sein Verständnis und Einfühlungsvermögen, seine Verlässlichkeit und sein gesunder Menschenverstand, seine Einstellungen zu Überzeugungen (Prinzipien), sowie seine Fähigkeit, eigenverantwortlich und ethisch verantwortlich handeln zu können und die Fähigkeit, sich zurückzuhalten, damit die Teilnehmer sich entfalten und eigene Erfahrungen machen können.[60] Damit kommt zum Ausdruck, dass ein Leiter zuallererst mit seiner Persönlichkeit etwas bewirkt. Auf unser Thema übertragen, bedeutet dies: Der Leiter wirkt in erster Linie durch sein Sein, durch seine Person.

Die Gruppe/ Das Team

Die Gruppe/Das Team

Die Gruppe/das Team[61] bildet zusammen mit dem Erlebnispädagogen und dem jeweiligen erlebnispädagogischen Programm die drei wichtigsten Faktoren im Zusammenspiel. Es ist deshalb notwendig, dass der Erlebnispädagoge die Gruppe, mit der er arbeitet, möglichst genau kennt, damit er das Programm entsprechend der Gruppenkonstellation, der Bedürfnisse und der Gruppenphase, in der sich die Gruppe befindet, ausrichten kann. Der Erlebnispädagoge muss eine Gruppe „lesen" können und verstehen, was abläuft, damit er richtig darauf eingehen kann.

1. Faktoren, die das Gruppengeschehen beeinflussen

Gruppengröße

Bei einer idealen Gruppengröße (ca. 10–16 Personen) besteht ein Gleichgewicht zwischen Soziabilität und Individualität. Jeder kann sich als Individuum einbringen und wird wahrgenommen, ist jedoch auf der anderen Seite auch mit der Gruppe konfrontiert, was eine gewisse Anpassung an die Gruppenbedürfnisse verlangt. Bei kleineren Gruppen wird die Durchführung mancher Übungen schwieriger, bei größeren ist es schwierig alle Teilnehmer auf das Geschehen, sowohl bei der Durchführung einer Übung als auch bei der Reflexion, zu konzentrieren und einzubeziehen.

Das Alter der Gruppenmitglieder

Eine untere Altersgrenze für erlebnispädagogisches Arbeiten liegt in der Regel bei 10–12 Jahren, einzelne Übungen können natürlich auch mit Kindern unter 10 Jahren bzw. Kindern im Vorschulalter, angepasst an ihr Alter, durchgeführt werden.

Ziel und Zweck der Gruppe

Sinn und Zweck der Gruppen unterscheiden sich nicht nur in ihrer besonderen Ausrichtung, sondern auch in ihrem Inhalt und in ihrer Dauer.[62] So handelt es sich bei Freizeitgruppen, Betriebsausflügen o.ä. oftmals um Kurzzeitangebote mit vorrangigem Spaßfaktor, bei Bildung und Training meist um Kurse über einen gewissen Zeitraum hinweg und im Therapiebereich um längerfristig angelegte Maßnahmen.

2. Teamphasen/Gruppenphasen

Gruppen/Teams sind keine statischen Größen, sondern Veränderungen unterworfen (Dynamik). Und obwohl jede Gruppe und jedes Team einzigartig ist, lassen sich dennoch Gesetzmäßigkeiten und Phasen in der Teamentwicklung feststellen. Idealtypisch durchläuft jede Gruppe alle Phasen, wobei die Dauer der einzelnen Phasen unterschiedlich lang sein kann. In der Realität kommt es aber auch vor, dass eine Gruppe in einer Phase stagniert oder durch Einflüsse von innen oder außen in ihrer Entwicklung zurückgeworfen wird.

Die meisten Autoren und Wissenschaftler bevorzugen ein Modell nach Tuckmann[63], das aus fünf verschiedenen Phasen besteht, wobei die Nomenklatur differiert[64]:

- Orientierungsphase – Testphase – Kontakt und Orientierung – Forming
- Macht-/Auseinandersetzungsphase – Nahkampfphase/Konfliktphase – Machtkampf und Kontrolle – Storming
- Intimitäts-/Vertrauensphase – Organisierungsphase/Konsolidierungsphase – Vertrautheit – Norming
- Differenzierungsphase – Verschmelzungsphase/Durchführungsphase – Differenzierung und Abgrenzung – Performing
- Abschlussphase – Abschiedsphase/Auflösungsphase – Ausklang – Adjourning

Im Rahmen dieses Buches liegt der Fokus auf den ersten vier der hier beschriebenen Phasen.

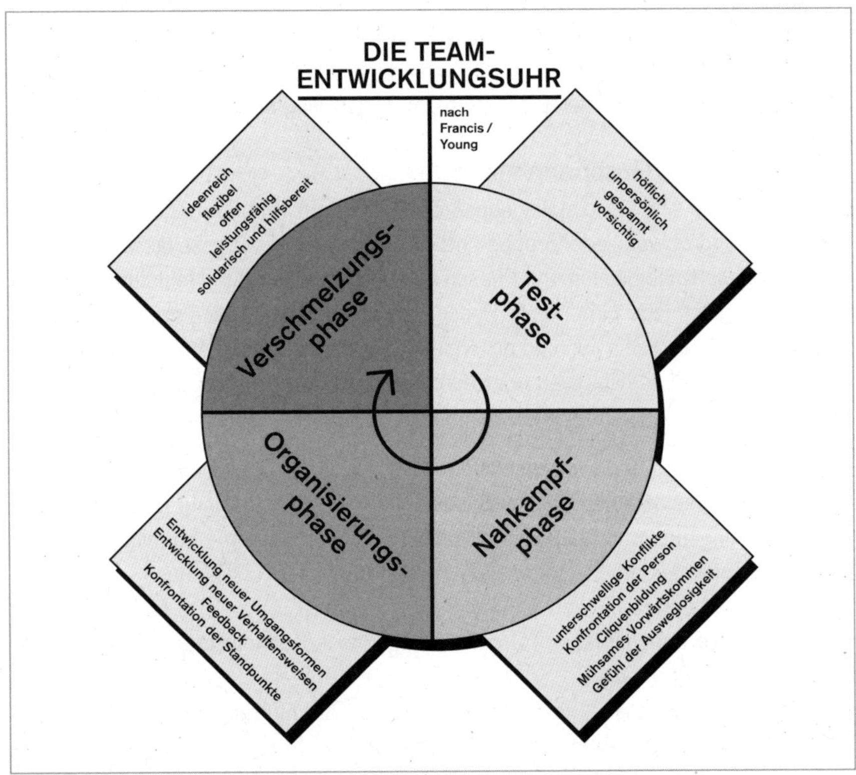

Grafik 5: Team-Entwicklungsuhr nach Francis/Young

Orientierungsphase – Kontakt und Orientierung

Beschreibung

Die Orientierungsphase zu Beginn einer Gruppenbildung ist davon geprägt, dass sich die Teilnehmer noch fremd sind und erste vorsichtige Schritte der Annäherung bei gleichzeitiger Distanzwahrung[65], je nach Persönlichkeitstyp mehr agierend oder mehr reagierend, gewagt werden. Durch den daraus entstehenden freundlichen, höflichen, intensiven, wenn auch noch mehr oberflächlichen Meinungsaustausch will jeder etwas über den anderen in Erfahrung bringen (Hobbies, Beruf, Familienstand, Einstellungen, Wertehaltungen, ...). Friebe drückt es so aus: „Jeder zeigt seine Fassade, nicht sein Wesen."[66]

In dieser Phase herrscht

- eine Neugierde und Gespanntheit: Wie wird das wohl? Was geht hier ab?
- eine Unsicherheit und Gehemmtheit: Was wird erwartet? Kann ich mithalten?
- Vorsicht und abwartende oder abtastende Fragen: Wie komme ich an?

Jeder versucht, seinen Platz in der Gruppe zu finden, die Frage zu klären: Wie passe ich in dieses Gefüge hinein? Dabei werden drei unbewusste Fragen gestellt:

- Bin ich hier sicher? – Die Frage nach der Identität
- Was habe ich mit diesen Leuten gemeinsam? – Die Frage nach der Zugehörigkeit, die Suche nach Anknüpfungspunkten
- Was kann ich hier bewirken? – Die Frage nach der Macht und der eigenen Rolle in der Gruppe

Diese Phase dauert so lange an, bis jeder sich fürs Erste in die Gruppe einsortieren kann.

Aufgabe der Leitung

Die Aufgaben der Leitung in dieser Anfangsphase, die von Unsicherheit geprägt ist, lässt sich am besten mit Orientierung, Struktur und Sicherheit geben, umschreiben. Die Leitung ist hier gefragt, voranzugehen und den Gruppenprozess in Gang zu setzen und dabei die Anfangsschwierigkeiten zu überwinden. Handelt es sich um ein Leitungsteam ist es wichtig, dass hier keine Widersprüchlichkeiten zutage treten, sondern das Leitungsteam sich als Einheit präsentiert.

Konfliktphase – Machtkampf und Kontrolle

Beschreibung

Diese Phase ist die „gefährlichste" des gesamten Prozesses, weil hier der ganze Gruppenprozess kippen kann. Grenzen werden ausgelotet, Vorstellungen, Erwartungshaltungen, Bedürfnisse prallen aufeinander. Es ist „Sand im Getriebe", Meinungsverschiedenheiten treten zutage. Es besteht noch kein Gefühl der Zusammengehörigkeit, vielmehr das der Unsicherheit. Es bilden sich kleine Cliquen und (unbewusst) werden die Macht- und Rollenverhältnisse geklärt. Dabei besteht die Gefahr einer Hackordnung, Gruppendruck entsteht und Rollen werden festgelegt.[67] „Jeder zeigt, wer er ist, seinen Charakter, seine Wünsche. Jeder kann erkennen, wie die anderen sind."[68] Außerdem wird der Leiter beobachtet und sein Verhalten bewertet.

Auch hier werden (unbewusst) drei Fragen gestellt:

- Wer übt Kontrollfunktion aus?
- Wie werden Kontrollfunktionen ausgeübt?
- Was geschieht mit denen, die gegen die Grundregeln verstoßen?

Aufgabe der Leitung

In dieser Phase ist die Leitung gefragt, dass eine möglichst offene und auch faire Klärung der unterschiedlichen Standpunkte, Zielvorstellungen, Meinungen und Ansichten stattfindet, bei der keiner der Beteiligten diskriminiert wird oder nicht zum Zuge kommt. Die Leitung darf hier das offene Wort und die Konfrontation nicht scheuen, sondern muss die klärungsbedürftigen Punkte zur Sprache bringen und dabei fair bleiben. Die Devise heißt: klar, deutlich, höflich, freundlich – je nach Persönlichkeitstyp des Leiters muss das eine oder andere Adjektiv mehr betont werden.

Eine gute Klärung der anstehenden Konflikte ist unerlässlich, um in die nächste Gruppenphase eintreten zu können.

Organisierungsphase – Vertrautheit

Beschreibung

Diese Phase ist das Ergebnis einer erfolgreichen Auseinandersetzung mit Konflikten. Die Gruppe hat sich gefunden (Konsolidierung) und kann sich seiner eigentlichen Bestimmung zuwenden, Gruppennormen entstehen und gemeinsame Aktivitäten werden koordiniert. Ein Gemeinschaftsgefühl („Wir-Gefühl") entsteht und die Atmosphäre untereinander wird offener. Vertrauen zueinander ist gewachsen und die Gruppenmitglieder werden respektiert. Es besteht aber die Gefahr, dass – um diese Harmonie nicht zu gefährden –, mögliche Konfliktpunkte unter den Teppich gekehrt und nicht zur Sprache gebracht werden.

Aufgabe der Leitung

In dieser gelösten Atmosphäre, in der alles (vorerst einmal) „in trockenen Tüchern ist", die Gruppe sich gefunden hat, sollte die Leitung die Chance nutzen, die Gruppenmitglieder für eine Aufgabe zu begeistern. Jetzt sind auch tiefergehende Gespräche möglich, so dass auch persönliche Dinge und mögliche Spannungsfelder angesprochen werden können.

Differenzierungsphase – Zusammenarbeit

Beschreibung

Die Gruppe ist gereift und weiß, dass sie nicht zum Selbstzweck da ist. Das Ziel und die Aufgabe sind klar. Es herrscht ein gesundes Wir-Gefühl, eine gegenseitige Hochachtung und Anerkennung zwischen Gruppenmitgliedern; jeder bringt sich mit seinen Fähigkeiten ein. Eine Zwanglosigkeit im Umgang miteinander hat sich eingestellt, es herrscht eine Geschlossenheit in der Gruppe und eine Bereitschaft einzuspringen, wenn Not am Mann ist. Die Gruppe ist zu Höchstleistungen fähig, weil die Energien der Gruppenmitglieder auf das Ziel gerichtet sind.

Aufgabe der Leitung

Bei diesen gefestigten Binnenstrukturen in der Gruppe nimmt sich die Leitung zurück, da die Gruppe sich selbst stabilisieren und organisieren kann. Sie verstärkt die guten Impulse, die aus der Gruppe kommen und unterstützt das selbständige Arbeiten der einzelnen Mitglieder.

Abschlussphase – Auflösung

Beschreibung

Der Abschluss mit der Auflösung der Gruppe ist die letzte Phase im Lebenszyklus der Gruppe. Dafür können unterschiedliche Gründe vorliegen, sei es, dass das vorgegebene Ziel erreicht wurde, die Rahmenbedingungen es vorgeben oder im schlimmsten Fall aufgrund von zerrütteten Beziehungen ein Fortbestehen nicht mehr möglich ist. Die auftretenden Gefühle sind zwiespältiger Natur: Auf der einen Seite kann der Blick froh in die Zukunft gehen, auf der anderen Seite sich Trauer über die Beendigung einstellen.

Aufgabe der Leitung

Gerade bei von vorneherein temporär angelegten Gruppen, bei denen das Ende definitiv feststeht, ist es wichtig, dass die Leitung darauf achtet, dass die Gruppenmitglieder nicht zu früh anfangen, sich mit dem Ende zu beschäftigen, weil dann das Gruppengeschehen darunter leidet. Ist der Zeitpunkt der Auflösung gekommen, gilt es die Einzelnen positiv auf das Auseinandergehen vorzubereiten und das Gewordene positiv in den Blick zu nehmen.

Das Lernzonenmodell

Das Lernzonenmodell

Erlebnispädagogik im Sinn eines handlungs- und erfahrungsorientierten Erziehungs- und Bildungskonzeptes will Lern-, Veränderungs- und Entwicklungsprozesse unterstützen. Deshalb soll in dieser Einheit darüber nachgedacht werden, wie Lernprozesse durch die Erlebnispädagogik unterstützt werden können.

Das deutsche Wort „Lernen" geht auf das gotische „lais" zurück, was so viel bedeutet wie „Ich weiß" im Sinn von „Ich habe nachgespürt". Dahinter steht der Gedanke, dass der Lernende eine Spur verfolgt, Erfahrungen sammelt und Zeichen deuten lernt. Im Laufe der Zeit entwickelte sich der Begriff zu „sich wissend machen" weiter.[69] Deshalb kann davon gesprochen werden, dass Lernen die auf Erfahrung basierende Aneignung von Wissen, Fertigkeiten und gezieltes Erfassen von Zusammenhängen durch geeignete Methoden ist, das dem Lernenden hilft, sich in der Wirklichkeit besser zurechtzufinden bzw. dieses bewusst mitzugestalten. Solche Lernerfahrungen tragen dazu bei, dass der Lernende sich verändert, Dinge anders sehen kann, sich weiter entwickelt, Neues zum Alten hinzufügt und dadurch auch seine Umwelt formen kann.[70]

1. Vorbedingungen für einen Lern- und Veränderungsprozess

Für die Gestaltung dieses Lern- und Veränderungsprozesses bedarf es laut Senninger[71] dreier Vorbedingungen:

- Notwendigkeit
- Vision
- Lernklima

Vorbedingung Notwendigkeit

„Menschen ändern sich nicht ohne Not“ ist die dahinterliegende Grundthese dieser Vorbedingung. Erst wenn bisherige und gewohnte Handlungsmuster nicht mehr greifen und funktionieren, sucht der Mensch nach neuen Mustern.[72] Deshalb ist „ein gewisses Maß an Unzufriedenheit, Problembewusstsein, Verwirrung oder Chaos“ notwendig, weil „Unzufriedenheit … die Motivationsgrundlage zur Veränderung“ ist. Das ist gewiss nicht zu leugnen und spielt eine wichtige Rolle, sollte aber nicht exklusiv verstanden werden. Es gibt auch durchaus ohne Not den Wunsch dazuzulernen und sich zu verändern und zu wachsen. „Kennzeichen dieser Phase sind auf der emotionalen Ebene oft Angst oder Unsicherheit.“[73] Durch „aktivierende Aufgabenstellungen“ sollen „Menschen an die Grenzen ihres gewohnten Handlungsspielraumes“[74] gebracht werden, dabei lernen mit ihrer Angst umzugehen und unter sicheren Bedingungen einen Schritt aus ihrer Komfortzone in neues Territorium heraus wagen.

> *„Lernen findet genau da statt, wo eine Person seinen ‚Komfortbereich‘ gerade verlässt und sich auf ungewohntes Terrain vorwagt. In diesem Moment wagt sich die Person an die eigenen Grenzen: Sie kommt an den ‚kritischen Moment‘.“*[75]

In der Erlebnispädagogik sollen deshalb Möglichkeiten geschaffen werden, die ein Austesten der eigenen Grenzen ermöglichen, weil sich der Lernende in solchen Situationen neu sortieren und neue Muster überlegen und ausprobieren muss.[76]

Vorbedingung Vision

Die zweite Vorbedingung laut Senninger ist eine Vision. Nur wer ein Bild über die veränderten Zustände hat, eine lohnende Vision, ein sinnvolles Ziel wird sich auf Veränderungen einlassen. Kennzeichen auf der emotionalen Ebene sind Hoffnung oder Sehnsucht.[77] „Ja, das wäre klasse, wenn ich das könnte, wenn das so wäre, wenn …" Die Eröffnung neuer Perspektiven, auf die es sich lohnt hinzuarbeiten, werden idealerweise durch die Formulierung eigener Ziele (unter Anleitung) erschlossen.

Vorbedingung Lernklima

Damit effektives Lernen geschehen kann, bedarf es einer vertrauensvollen Atmosphäre und einer Zusammenarbeit in der Gruppe. Angstfreies Ausprobieren und konstruktive Kritik und Ermutigung gehören deshalb unbedingt dazu. „Dem Risiko des Versagens und der Frustration muss eine zuverlässige Unterstützung auf Seiten des Teams und der Leitung gegenüberstehen."[78]

Das Lernklima positiv beeinflussende Faktoren sind:[79]

- Zugehörigkeit
  Der Teilnehmer muss sich in der Gruppe wohlfühlen. Es müssen Vertrauen, Rücksichtnahme und Sicherheitsstandard vorhanden sein und Absprachen eingehalten werden.

- Akzeptanz
  Jeder Teilnehmer will sich akzeptiert und respektiert fühlen. Unterschiedliche Meinungen sollten offen ausdiskutiert werden können.

- Verantwortung
  Jeder Teilnehmer trägt die Verantwortung für sein Lernen. Um Lernerfolge besser messen zu können, sollten sie vorher formuliert worden sein.

- Wertschätzung
  Durch Anerkennung von Leistungen und Beiträgen, sowie das Erlauben von Fehlern, wird die Experimentierfreude und das Eingehen auf Herausforderungen und Neues gesteigert.

- Sicherheit
  Lernen in einem kalkulierbaren Risikobereich geschieht nur in einer Atmosphäre der körperlichen und emotionalen Sicherheit.

2. Das Lernzonenmodell

Das Lernzonenmodell von Nadler/Luckner[80] hat in der Erlebnispädagogik seinen Einzug gehalten. Es beschreibt den Lernprozess anhand von unterschiedlichen Zonen, in denen sich der Lernende jeweils befindet.

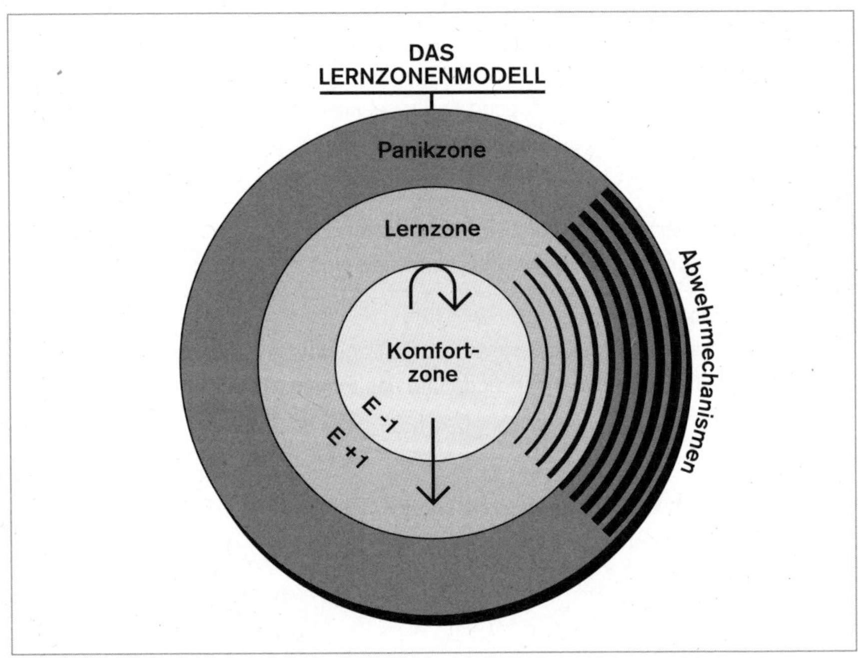

Grafik 6: Lernzonenmodell

Die Komfortzone

Die innerste Zone wird Komfortzone genannt. Hier fühlt sich der Lernende wohl, bequem, entspannt und komfortabel.

Komfort kommt aus dem Lateinischen: „Con fors", was „mit Stärke und Trost" bedeutet.

Sie ist gekennzeichnet von Alltäglichem, das ohne besondere oder herausragende Herausforderungen abläuft und seine Ordnung hat. Der Lernende verrichtet seine Aufgaben sicher und routiniert und ist sich seiner Stärken und Fähigkeiten bewusst.[81]

Die Lernzone

Die Lern- oder Wachstumszone schließt sich an die Komfortzone an. Sie stellt eine besondere Herausforderung dar, weil in dieser Zone sich Dinge befinden, die der Lernende noch nicht so recht kennt oder keine bzw. kaum Erfahrung hat, die er aber besser wissen oder kennen möchte. Unbekanntes, Unsicherheit, Unerwartetes, Unplanbares sind Begriffe, die diese Zone für den Lernenden beschreiben. Sich in diese Zone zu begeben, erfordert von ihm Mut und ist eine „Zumutung"[82]. Angstschweiß, Herzklopfen oder Nervosität sind deutliche Zeichen dafür, dass der Lernende im Begriff ist, die Komfortzone zu verlassen. Lernen findet dann statt, wenn der Lernende sich auf diese angemessene Herausforderung einlässt und entsprechend begleitet und unterstützt wird. Durch diesen Schritt weitet er seine Komfortzone aus und wächst.

Die Panikzone

In der äußeren, sogenannten Panikzone setzt eine Blockade ein. Die Herausforderung ist für den Lernenden eine „Nummer zu groß“, macht ihm nur Angst und ist für ihn nicht zu bewältigen. Dadurch werden auch die objektive Gefahr und das Risiko groß, weil der Lernende verunsichert und in Panik ist. Lernen ist in dieser Zone nicht mehr möglich, es bleibt nur der Frust.

Der Moment vor dem Erfolg E -1

Der „kritische Moment“ vor dem Erfolg, von Nadler und Luckner „E -1“ genannt, ist der entscheidende. Dieser Augenblick vor dem Durchbruch befindet sich immer noch in der Komfortzone, aber nahe an der Grenze. Je näher der Lernende an seine Grenze kommt, desto größer wird die Angst, der Zweifel und die Unsicherheit. Körperfunktionen werden beschleunigt, Angstschweiß kann auftreten oder ein „Kribbeln im Bauch“ ist zu spüren. Auch der innere Dialog verstärkt sich („Das kann ich nicht.“ „Ich schaffe das nicht.“ „Bin ich verrückt?“).[83]

> *„All dies geschieht innerhalb von Sekundenbruchteilen exakt an der Grenze zwischen Altem und Neuem. Hier entscheidet es sich, ob die TeilnehmerIn zurücktritt oder sich überwindet und die Chance ergreift Neues auszuprobieren.“*[84]

Solche Situationen der Unsicherheit durchzustehen und Angst auszuhalten ist für die meisten Menschen unangenehm. Deshalb versuchen sie unbewusst, durch gewohnte Abwehrmechanismen die Lage zu kontrollieren und versuchen von diesen Gefühlen abzulenken (lachen, intellektualisieren, blöde Sprüche …). Um diese Abläufe muss der Erlebnispädagoge wissen und sensibel und ermutigend darauf reagieren.

Die Versuchung in dieser Situation „E -1" ist groß, den Teilnehmer zu drängen die Grenzüberschreitung zu vollziehen. Doch diese Entscheidung liegt beim Teilnehmer selbst („challenge by choice") und egal, welche Entscheidung er trifft, liefert diese Situation wertvolle Hinweise für die Reflexion.

Der „Kritische Moment"

> *„Der entscheidende Moment ist der Schritt über die eigene Grenze. Es ist wichtig, dass die Betroffenen diesen Schritt aus eigenem Antrieb heraus tun. Dieser Schritt bedeutet ein Ausweiten des Erfahrungshorizonts. Der Versuch an sich ist schon ein Erfolg: Die betroffene Person hat sich überwunden, die eigenen Grenzen zu überschreiten. Auch wenn sich nicht immer gleich eine Veränderung einstellt, so ist doch die Erfahrung, sich selbst riskiert zu haben, ein Gewinn."*[85]

Für diesen „Kritischen Moment" gibt es einige Unterstützungsmöglichkeiten:

- Einsetzen von vorher abgesprochenen Hilfeleistungen
- Gespräch mit den Teilnehmern. Dabei ist aber zu beachten, dass es auch Personen gibt, die gerade in diesem Moment ihre Ruhe brauchen, um sich auf den wichtigen Schritt zu konzentrieren.
- Evt. den Prozess stoppen, einen Schritt zurücktreten, um die Situation zu erforschen oder zu reflektieren.
- Keine abstrakten Diskussionen beginnen, sondern konkret nach Charakterisierungen fragen, um durch die Verbalisierung die Situation zu entschärfen. Eine kurze Reflexion in dieser Phase kann ein großer Gewinn für den Einzelnen und die Gruppe sein. Diesen Augenblick gilt es unbedingt festzuhalten.

Der Moment nach dem Durchbruch E +1

Nadler/Luckner definieren Erfolg als das Eingehen, das Trauen seine Grenzen zu überschreiten, unabhängig davon, ob der Versuch gelingt oder nicht. Der Versuch an sich wird schon als Erfolg honoriert, weil der Teilnehmer bereit ist, an seinen Zielen (und Grenzen) zu arbeiten.

> *„Wer es wagt, sich aus seinem Gewohnheitsbereich herauszuwagen, verdient schon deshalb Anerkennung, denn er demonstriert Lernbereitschaft."*[86]

Der Moment des „E +1" bewirkt oftmals starke emotionale Gefühlsregungen, die ausgelebt werden sollen (Schrei, Abklatschen, Umarmen, Tanz ...). Dafür soll genügend Raum bleiben, damit das Erlebnis sich auch einprägen kann. Verbal wird anschließend dieser Moment rational aufgearbeitet.

Kooperative Abenteuerübungen

Kooperative Abenteuerübungen

In diesem Kapitel wenden wir uns den Kooperativen Abenteuerspielen bzw. -übungen zu, wohl wissend, dass dies nicht die ganze Bandbreite erlebnispädagogischer Möglichkeiten abdeckt. Kooperative Abenteuerübungen sind relativ einfach aufgebaut, erfordern vom Leiter kein Spezialwissen und besondere Techniken und können fast an jedem beliebigen Ort durchgeführt werden. Es sind die weniger zeit-, kosten- und materialintensiven Alternativen zu Bergtouren, Segelprojekten oder auch Klettergärten und Höhlentouren.[87] Diese Alternativen zu den Kooperativen Abenteuerübungen brauchen außerdem jeweils eine besondere Zusatzqualifikation. Deshalb wird in diesem Buch nicht auf sie eingegangen, wiewohl auch sie interessante Chancen und Möglichkeiten für erlebnispädagogisches Arbeiten bieten.

Heckmair/Michl[88] bezeichnen die Kooperativen Abenteuerübungen deshalb auch als „Abenteuer in Pillenform“, „wobei damit nicht gemeint ist, dass sie deshalb auf die leichte Schulter genommen werden sollten. Es handelt sich nicht um irgendwelche Lückenfüller oder Pausenunterhaltung“.[89]

1. Definition

Gilsdorf/Kistner haben den Begriff „Kooperative Abenteuerspiele“ im deutschsprachigen Raum geprägt. Daneben haben sich auch die Begriffe der „Interaktionsspiele“[90] oder „Kooperationsübungen“ etabliert. Unter diesen Begriffen werden Aufgaben, Übungen und Spiele zusammengefasst, die Gruppen auf spielerische Art und Weise herausfordern mit Problemstellungen umzugehen und so zu verknüpfen, dass sie die eigene Handlungsweise hinterfragen lassen.[91]

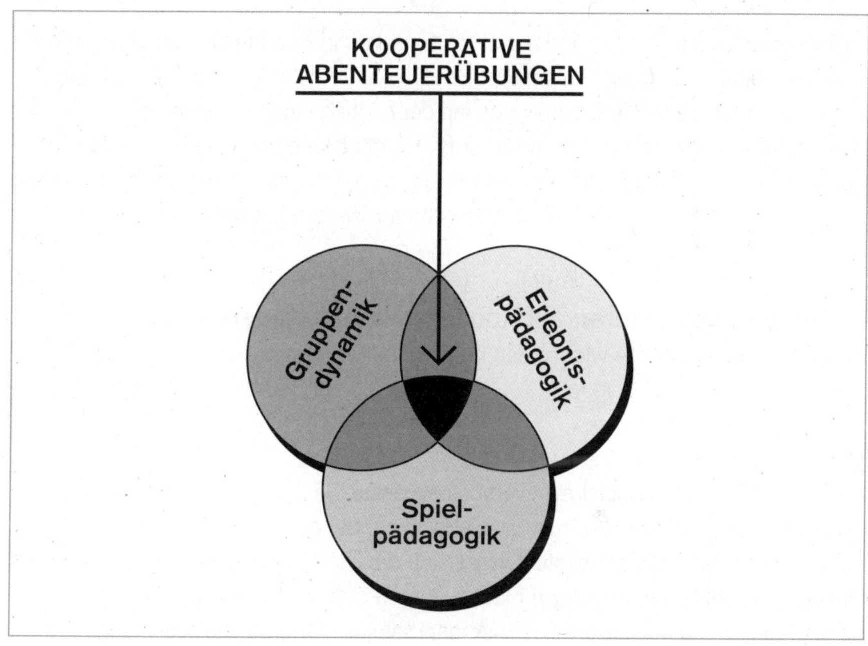

Grafik 7: Kooperative Abenteuerübungen

Das Konzept dieses eigenständigen Bereichs innerhalb der Erlebnispädagogik stellt eine Verzahnung von spiel-, erlebnispädagogischen und gruppendynamischen Überlegungen dar[92] und bietet mit einfachen Mitteln („Simple Things“[93]), wie z. B. Zeitungen, Streichhölzern, Trinkhalmen, Luftballons, Bällen, Hölzern interessante Möglichkeiten für intensive Lernszenarien.[94] Die klare, für die ganze Gruppe gültige Aufgabenstellung sollte dabei einerseits subjektiv anspruchsvoll und damit herausfordernd für die Gruppe und nur durch Einsatz und Engagement zu lösen sein, andererseits aber auch einen spielerischen Charakter haben. Dabei kann es durchaus vorkommen, dass die Gruppe sich mit der Lösung einer Aufgabe schwer tut, der Spaßfaktor also gering ausfällt und es sogar zu Konflikten oder Auseinandersetzungen kommen kann. Sonntag[95] weist mit Recht darauf hin, dass der Spielspaß keinen übergeordneten Stellenwert hat, sondern den anvisierten Lernzielen gleichgestellt ist.

2. Drei Einflussfaktoren auf Kooperative Abenteuerspiele

Sonntag[96] beschreibt die wichtigsten Faktoren, die hier kurz zusammengefasst werden.

Ort

(1) Großer Bewegungsspielraum versus begrenzte Fläche. Idealerweise lässt man einen möglichst großen Bewegungsspielraum zu, der aber nicht zu weitläufig sein sollte, da sonst die Gefahr besteht, dass sich die Spielaktion verläuft. Bei manchen Übungen ist auch eine begrenzte Fläche, auf die sich die Übung konzentriert, von Vorteil, da sie eine intensivere Dynamik innerhalb der Gruppe auslösen kann.

(2) Der Spielort sollte zusätzlich ein breites Spektrum an Variationen und Möglichkeiten geben. Besonders geeignet: Turnhallen, Spielplätze, Wiesen am Waldrand. Viele Spiele lassen sich im Schwierigkeitsgrad, besonders durch die Ortswahl verändern.

(3) Die Gruppe sollte sich allein am Spielort aufhalten. Dieser sollte ein möglichst ruhiger Ort sein. Damit die Spieler bereit und in der Lage sind, sich auf neue Dinge einzulassen, ist es wichtig, dass eine Atmosphäre des Vertrauens und der Sicherheit

geschaffen wird und möglichst keine störenden Zuschauer oder Passanten anwesend sind. Es muss außerdem gewährleistet sein, dass die gesamte Gruppe die Spielinstruktion akustisch verstehen und sich auf das Spiel konzentrieren kann ohne durch ablenkende Reize, wie z. B. Lärm behindert zu werden.

(4) Idealerweise handelt es sich nicht um einen alltäglichen Ort, so dass die Teilnehmer keine negativen Assoziationen mit diesem verbinden. Deshalb sind z. B. Klassenräume ungünstig, da die Teilnehmer mit diesen leider häufig schon ein bestimmtes Verhalten verbinden und es dadurch schwieriger ist, sich auf neue Aktivitäten einzulassen.

(5) Die Sicherheit spielt bei der Auswahl des Spielortes ebenfalls eine wichtige Rolle. Viele Spiele erfordern, dass die Teilnehmer sich in riskante Situationen begeben und sich gegenseitig stützen, halten oder in die Höhe stemmen. Deshalb ist darauf zu achten, dass der Untergrund entweder durch Matten oder Decken ausgelegt werden kann bzw. von gefährlichen Gegenständen gesäubert wurde, scharfe Ecken und Kanten gepolstert werden, oder auf andere Art und Weise die Sicherheit der Spieler gewährleistet ist. Ist der Ort im Freien, ist es Aufgabe der Spielleitung dafür zu sorgen, dass die Auswirkungen des Aufenthaltes auf die Natur so gering wie möglich gehalten werden.

Zeit

Die durchschnittliche Dauer der einzelnen Spiele beläuft sich in der Regel auf ca. 20–30 Minuten. Deshalb ist es sinnvoll, dass mindestens 90 Minuten für eine Einheit zur Verfügung stehen, da zwischen den einzelnen Übungen auch genügend Zeit für Auswertungsrunden und Reflexion vorhanden sein soll. Es gilt der Grundsatz: Weniger ist mehr.

Durch Zeitdruck fühlen sich manche Teilnehmer gehemmt und lassen sich nicht auf komplexere Herausforderungen ein. Eine zeitliche Begrenzung kann für einige Übungen einen erhöhten Schwierigkeitsgrad darstellen, einen gewissen Wettkampfcharakter hervorrufen, der aber nicht schädlich sein muss für die kooperativen Aspekte. Das Gruppenverhalten wird sich aber durch die Einführung einer Zeitmessung mit ziemlicher Sicherheit verändern. Daneben ist auch der Zeitpunkt der Maßnahme zu beachten. Eine Einheit am Morgen muss in der Regel anders aufgebaut sein als am Abend.

Material

Kooperative Abenteuerspiele zeichnen sich dadurch aus, dass sie keine „Materialschlachten" sind und auf teures Equipment verzichten können. Dennoch sind einige Utensilien sehr hilfreich:

Folgende Materialien haben sich bewährt, um möglichst eine Vielzahl von Spielen durchführen zu können:

- Spielseile
- Augenbinden
- Bälle (Softball, Tennisball, Wasserball)
- Luftballons
- Gymnastikreifen
- Eimer
- Schreibmaterial
- Bretter, Balken
- viele Kisten
- Kletterutensilien (Seile, Gurte, Karabiner und Schlingen)
- Verkleidungskiste, Dekorationsmaterial, Decken und Tücher

„Der Einsatz von Spielmaterialien hat einen nicht zu unterschätzenden Einfluss auf das Spiel. Durch eine Veränderung der Spielmaterialien kann sich das ganze Spiel verändern."[97]

3. Verschiedene Aufgabenarten

Im Folgenden werden die verschiedenen Aufgabenarten stichwortartig skizziert:

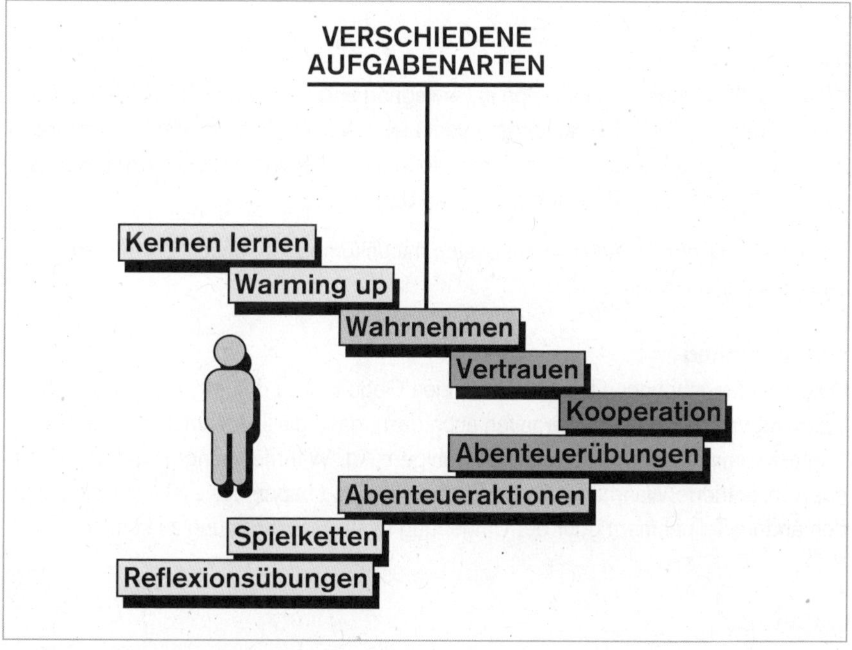

Grafik 8: Verschiedene Aufgabenarten

Kennenlernen

Kennenlernspiele haben die Aufgabe, Teilnehmer einer neu formierten Gruppe in einen ersten Kontakt miteinander zu bringen. Durch ihre einfache und klare Struktur ermöglichen sie ein zwangloses Kennenlernen und Aufeinanderzugehen. Sie können aber auch bei Gruppen eingesetzt werden, die sich schon länger kennen, um festgefahrene Gruppenstrukturen aufzubrechen und neue Einsichten, Informationen und Erfahrungen mit den Gruppenteilnehmern zu ermöglichen.

Warming up

Warming ups bringen eine Gruppe in Bewegung und stimmen die Gruppe auf das Miteinander ein. Sie helfen außerdem dem Leiter sich ein Bild von der momentanen Situation der Gruppe zu machen. Diese Übungen helfen ihm abzuschätzen, was er von der Gruppe (heute) erwarten kann und darf.

Der Charakter der Spiele kann am besten mit unkompliziert, ausgelassen und originell umschrieben werden.

Wahrnehmung

Wahrnehmungsübungen bilden den ruhigen Gegenpol zu den mehr ausgelassenen Warming-up-Übungen. Sie verhelfen auch dazu, dass die Teilnehmer miteinander in Kontakt kommen, jedoch mehr auf die ruhigere Art. Wahrnehmungsübungen fördern das konzentrierte Wahrnehmen und Beobachten und haben das Ziel, mit sich selbst, den andern Teilnehmern oder der Umgebung (Natur) in Berührung zu kommen.

Vertrauen

Vertrauensübungen in ihren unterschiedlichen Facetten und Schwierigkeitsgraden helfen dazu, in der Gruppe ein gewisses Maß an Vertrauen aufzubauen oder zu vertiefen. Durch gelingende Vertrauensübungen gewinnt die Gruppenzusammengehörigkeit an Substanz und führt zu einer Entwicklung und Vertiefung von emotionaler und physischer Sicherheit innerhalb der Gruppe. Diese erlebte Sicherheit erhöht die Risikobereitschaft der Einzelnen. Die Schwierigkeit der Aufgaben kann erhöht werden, weil durch die erlebte Unterstützung die Gruppe zu „Höherem“ in der Lage ist.

Kooperation

Unter dem Begriff der Kooperation werden einfache und weniger strukturierte Problemlösungsaufgaben verstanden, die der Hinführung zu komplexeren Initiativ- und Problemlöseaufgaben dienen.

Abenteuerspiele

Abenteuerspiele, auch Initiativ- und Problemlösungsaufgaben genannt, sind zum Teil relativ komplexe Aufgaben, die die Zusammenarbeit aller Gruppenmitglieder erfordert und die in der Regel eine Phase der Planung und Entscheidungsfindung braucht.

Abenteueraktionen

Abenteueraktionen unterscheiden sich von den Abenteuerspielen dadurch, dass sie reale Handlungsräume (Bach, See etc.) und Situationen (z. B. Essen) mit einbeziehen. Sie eignen sich besonders als Höhepunkt in einer Spielkette.

Spielketten

Spielketten sind eine Zusammenstellung von mehreren Spielen, die in einem Spannungsbogen phantasievoll zusammengestellt sind und die mit einer Rahmengeschichte miteinander verbunden sind. Durch eine detaillierte und gut durchdachte Vorbereitung bieten sie eine großartige Möglichkeit für ein eindrucksvolles Erleben der Teilnehmer.

Reflexionsübungen

Reflexionsübungen bieten die Möglichkeit, sich auf kreative Weise über das Erlebte auszutauschen. Dabei wird Erlebtes analysiert und in individuellen und auch Gruppenprozessen verarbeitet. Zeitpunkt und Intensität von Reflexionsübungen schwanken von kurzen Zwischenreflexionen bis hin zu ausgedehnten Auswertungseinheiten.

Ablaufphasen einer Übung – Didaktik der Erlebnispädagogik

Ablaufphasen einer Übung – Didaktik der Erlebnispädagogik

Um eine gute Programmplanung machen zu können, gehört neben dem Wissen um Gruppendynamik und Gruppenphasen, den verschiedenen Aufgabenarten auch das Wissen und der Umgang mit den unterschiedlichen Ablaufphasen einer Übung und die daraus resultierenden Anforderungen, Herausforderungen und Aufgaben an den Erlebnispädagogen.[98] Diese Einheit konzentriert sich darauf, die einzelnen Ablaufphasen zu beschreiben und die Anforderungen herauszuarbeiten. In der Einheit „Programmplanung" werden anschließend die Gruppenphasen mit den Ablaufphasen miteinander in Verbindung gesetzt und in einer Matrix als Hilfestellung für die praktische Arbeit fruchtbar gemacht.

1. Vorbereitungs- oder Planungsphase

Informationen sammeln und Auftrag klären

In der Vorbereitungs- oder Planungsphase[99] geht es zunächst um das Sammeln von Informationen durch Vorgespräche mit den Verantwortlichen und gegebenenfalls auch mit den Teilnehmern, um den Bedarf für die erlebnispädagogische Maßnahme feststellen zu können. Diese Bedarfsanalyse besteht aus einer Situationsdiagnose (IST-Zustand der Gruppe) und einer Zielformulierung (SOLL-Zustand), aus der eine „Auftragsklärung" abgeleitet wird. In der Situationsdiagnose werden Infos über die Gruppe eingeholt (Größe, Alter, Zusammensetzung, Besonderheiten, Vorerfahrungen, Ziel und Zweck der Gruppe etc.) und abgeklärt, in welcher Gruppenphase sich die Gruppe derzeit (nach Meinung der Informanten) gerade befindet. Diese Analyse trägt dazu bei, dass Zielvorstellungen (z. B. Kooperationsfähigkeit, Konfliktfähigkeit, Helfen und sich helfen lassen, Übernahme von Initiative und Verantwortung, Selbstwertgefühl, realistische Selbsteinschätzung, Körperbewusstsein, Vertrauen, Wahrnehmung, Koordination)[100] abgeklärt und Themenstellungen ausgewählt werden können. Sind diese Fragen geklärt, muss der formelle Rahmen abgesteckt (Zeit, Ort, Dauer, Zielgruppe, Finanzierung, Rolle der Verantwortlichen während der Maßnahme) und daraus der „Auftrag“ erstellt werden.

Konzept entwickeln

Sind die Bedarfsanalyse und die Vorgespräche abgeschlossen, kann sich der Erlebnispädagoge daran machen, die eigentliche Maßnahme zu konzipieren (Konzeptentwicklung). Bei der Auswahl der Übungen hat er die Zielvorstellungen vor Augen und schätzt die Schwierigkeit der einzelnen Übungen in Bezug auf die Gruppe richtig ein. Er variiert die einzelnen Übungen und passt sie der Zielgruppe an und stellt sie zu einer guten, zielführenden Sequenz zusammen. Eine solche Sequenz hat einen Spannungsbogen, d. h. die Einstiegsübung ist als warming up derart gewählt, dass alle Teilnehmer schnell und leicht einen Zugang finden (low level Einstiegshürde) und sich von Übung zu Übung steigert.

Je nach Zielgruppe und Anlass ist es sinnvoll, eine Rahmengeschichte zu erfinden, um einen roten Faden in der Maßnahme besser durchziehen zu können. Eine realistische Zeitplanung hilft vor einer Überfrachtung der Maßnahme.

Maßnahme vorbereiten

Sind die gesammelten Informationen in ein Konzept verarbeitet, muss die so entstandene Maßnahme gut und gründlich vorbereitet werden. Die einzelnen Übungen werden vor Beginn der Maßnahme rechtzeitig aufgebaut bzw. das Material so bereit gelegt, dass es griffbereit ist. Das Schaffen einer guten „Raumatmosphäre“ ist für den Gesamtprozess förderlich. Wenn die Teilnehmer eintreffen, sollte alles fertig vorbereitet sein, so dass sich der Pädagoge den ankommenden Teilnehmern widmen kann. Es empfiehlt sich für den Aufbau und das Herrichten der Übungen Pufferzeiten einzuplanen.

Auch wenn eine Maßnahme im Vorfeld genau geplant werden muss, ist dennoch darauf zu achten, dass die so strukturierte und geplante Maßnahme bei der anschließenden Durchführung nicht zu einem starren Korsett wird, sondern immer noch anpassbar, flexibel und situativ angemessen auf die Bedürfnisse und Interessen der Teilnehmer und Gruppe bleibt („Flexible Planungskompetenz“).[101] Denn: Der Gruppenprozess ist wichtiger als das Durchziehen des vorher ausgedachten Programms. Deshalb gehört neben dem entwickelten Konzept für die Aktion möglicherweise auch die Vorbereitung einer Alternative.

2. Anleitungs- oder Präsentationsphase

Begrüßung

Ein gelungener Start ist für die gesamte Maßnahme viel wert. Der entscheidende „Knackpunkt“[102] liegt darin, ob es dem Erlebnispädagogen gelingt eine Atmosphäre der Sicherheit und des Vertrauens in der Gruppe als Grundlage zu schaffen. Deshalb sollte der Erlebnispädagoge auf die Begrüßung und die erste Einführung großen Wert legen. Freundlich, klar und souverän heißt er die Teilnehmer willkommen und signalisiert ihnen dadurch, dass er sich auf sie und die gemeinsame Zeit freut.

Gerade zu Beginn der Maßnahme ist es wichtig, dass er Struktur in das Gruppengeschehen bringt, das „Ruder in die Hand“ nimmt, dass sich alle Teilnehmer auf ihn konzentrieren. Dabei achtet er auch darauf, dass er mit allen Teilnehmern Blickkontakt haben kann. In der Regel bietet sich deshalb eine Halbkreisaufstellung an. Durch die Fokussierung der Teilnehmer auf ihn kann er durch seine Einführung das Gefühl der Unsicherheit und Nervosität auf Seiten der Teilnehmer eindämmen.[103] Gleichzeitig gibt er durch eine kurze Erklärung wichtiger Grundprinzipien (z. B. Sicherheit geht vor, Freiwilligkeitsprinzip, STOPP-Regel) einen klaren Rahmen und den Teilnehmern ein Gefühl der Sicherheit („Hier bin ich gut aufgehoben und muss nichts tun, was ich nicht will."). Eventuelle „Widerstände", „Ängste und Befürchtungen" der Teilnehmer in Bezug auf die Maßnahme oder die Gruppe werden „gewürdigt" und aufgegriffen.

STOPP-Regel

Diese besagt, dass jeder Teilnehmer und jeder Pädagoge durch ein „Stopp!" eine Übung unterbrechen und anhalten kann, um Unklarheiten, Unsicherheiten, Sicherheitsaspekte, Ängste etc. zu klären und aus dem Weg zu räumen.

Einführung in die einzelnen Übungen

In der Präsentationsphase[104] der einzelnen Übungen ist es wichtig, dass der Erlebnispädagoge zuallererst die Aufmerksamkeit der Gruppe auf sich zieht. Außerdem muss er dafür sorgen, dass alle Teilnehmer die Möglichkeit haben der Präsentation bzw. der Anleitung zu folgen.

Bei seinen Ausführungen beschränkt er sich auf das Wesentliche, spricht klar, laut und verständlich, so dass alle ihn verstehen und ihm folgen können. Mimik, Gestik und Tonfall setzt er bewusst (und der jeweiligen Gruppe entsprechend angepasst) ein. Seine Anmoderation der Übung soll die Neugierde der Teilnehmer wecken, deshalb setzt er Humor, Phantasie und Spannung situationsgerecht ein. In Bezug auf vorgegebene Regeln sollte er darauf achten, dass es nicht zu viele sind, sondern den Teilnehmern noch ein Raum für eigene Kreativität und Durchführungs- oder Lösungsmöglichkeiten bleiben. Das Ziel der Übung sollte aber jedem klar vor Augen sein. Wenn die Gruppe bereit für die Übung ist, erfolgt die Übergabe der Übung an die Gruppe.

3. Durchführungs- oder Aktionsphase

Während es bei der Präsentationsphase darauf ankommt, dass der Erlebnispädagoge im Mittelpunkt steht, damit die Aufgabe klar und deutlich bei den Teilnehmern ankommt, ist es in der Durchführungs- oder Aktionsphase[105] von großer Bedeutung, dass er sich aus dem Geschehen zurücknimmt. Er ist zwar für die Teilnehmer wahrnehmbar präsent und beobachtet das Geschehen aktiv, weil er für die Sicherheit der Teilnehmer Sorge trägt und um auch mögliche Themen für die Reflexion zu antizipieren. In dieser Phase sind Seitengespräche mit anderen Pädagogen oder anderen Personen zu vermeiden, da sie den Gruppenablauf negativ beeinflussen, wenn am Rande Personen stehen und sich miteinander unterhalten.

Er greift so wenig wie möglich ein, um den Gruppenprozess nicht zu bremsen und der Gruppe den Freiraum und einen eigenen Entfaltungsspielraum zum Ausprobieren und Experimentieren („wohlwollende Distanz“[106]) zu lassen, den sie zum Ausprobieren und zum Experimentieren braucht. In dieser Haltung kann er einen sicheren Ablauf überwachen und flexibel auf das Gruppengeschehen reagieren.

In Fällen, wo die psychische oder physische Sicherheit eines der Teilnehmer gefährdet ist, muss der Erlebnispädagoge sein „Wächteramt“[107] wahrnehmen und eingreifen. Er muss dann seine Autorität und Kompetenz klar herausstellen, souverän auftreten, um die Gefahrenpunkte zu eliminieren und um Angst zu minimieren oder zu nehmen.[108]

Sollte eine Intervention (lat. intervenire = dazwischenkommen; dazwischentreten, sich einschalten) während der Aktionsphase unumgänglich sein[109], so hat der Erlebnispädagoge unterschiedliche Möglichkeiten:

- Präsenz
  Dadurch, dass er z. B. einen Schritt näher an das Geschehen herantritt, signalisiert er der Gruppe, dass er etwas gesehen hat und bereit ist einzugreifen, der Gruppe aber noch selbst die Möglichkeit lässt, selbst damit klar zu kommen. Diese Form ist die schwächste Form der Intervention, reicht aber in vielen Fällen aus.

- Intervention in der Sprache der Übung
  Ist es unbedingt notwendig, dass der Erlebnispädagoge verbal in das Geschehen eingreift, so sollte es „in der Sprache der Übung" sein, d. h. wenn die Übung mit einer Rahmengeschichte eingeführt wurde, dann sollte er auch in diesem Rahmen (sprachlich) bleiben.

- Spielunterbrechung
  Eine weitere Steigerung der Intervention ist die Spielunterbrechung, im schlimmsten Fall der Spielabbruch. Durch ein klares Stopp wird die Übung unterbrochen und der Erlebnispädagoge tritt wieder in den Mittelpunkt, um die Dinge, die zur Unterbrechung bzw. dem Abbruch geführt haben, zur Sprache zu bringen.

- Spielveränderung
  Es kann auch vorkommen, dass der Erlebnispädagoge im Laufe der Übung merkt, dass z. B. seine Vorüberlegungen in Bezug auf die Fähigkeiten der Gruppe nicht stimmten und die Übung für die Gruppe zu schwer ist. In diesem Fall kann es von Vorteil sein, die Übung durch Veränderung der Regeln oder der bereitgestellten Hilfsmittel so abzuändern, dass es für die Gruppe stimmig ist.

Generell sollen die Teilnehmer selbständige Entscheidungen fällen, ihren eigenen Weg finden und auch die Wahl der Grenzerfahrung liegt in ihrem Ermessensspielraum. Sie werden dabei durch den Leiter adäquat unterstützt und ermutigt. Unterstützung bedeutet aber nicht, dem einzelnen Teilnehmer die Verantwortung abzunehmen, sondern darum, dass er ein Umfeld von Vertrauen und Sicherheit schafft, indem der einzelne ein Wagnis leichter eingehen kann. Dies ist aber nur möglich, wenn die Beziehung stimmt, in der gegenseitiges Vertrauen, Verlässlichkeit und Verantwortungsbewusstsein gewachsen ist.

4. Reflexionsphase

In der Reflexionsphase[110], die relativ zeitnah zur Aktionsphase stattfinden soll, zieht der Erlebnispädagoge zunächst die Aufmerksamkeit wieder auf sich. Er sorgt für gute, ein Gespräch fördernde Rahmenbedingungen (z. B. Ungestörtheit), um so eine offene Atmosphäre und Ausgangslage für die Reflexion zu schaffen. Bei der Reflexion sollte er den Schwerpunkt auf ein oder zwei Lernerfahrungen setzen (weniger ist mehr) und es allen ermöglichen, sich zu äußern. Er ist dafür verantwortlich, dass Gesprächs- und Feedbackregeln eingehalten werden und hält sich mit eigenen Beobachtungen und Beiträgen ansonsten zurück, um der Gruppe zu ermöglichen, die eigenen Erfahrungen und Beobachtungen zu benennen. Er ist mit allen Sinnen präsent, hört aktiv zu[111], versucht auch zwischen den Zeilen zu lesen, um die versteckten bzw. noch nicht bewusst wahrgenommenen Erfahrungen ans Licht zu bringen. Akzente in der Reflexion setzt er insbesondere durch gezielte Fragen. Die Reflexionsphase bietet sich explizit auch an, dass Transferbezüge zum Alltag hergestellt werden.

5. Evaluationsphase

Die Evaluationsphase am Ende des Programms dient der Ergebnissicherung. Einerseits sollen sich die Teilnehmer Gedanken darüber machen, was sie von dieser Maßnahme mitnehmen wollen, andererseits ist in dieser Phase auch der Platz, um zu prüfen, ob die gesteckten Ziele erreicht worden sind.

6. Nachbereitungsphase

In der Nachbereitungsphase bzw. der Nachbesprechung geht der Erlebnispädagoge zumeist zusammen mit dem Verantwortlichen der Gruppe den Verlauf der Maßnahme noch einmal durch, überlegt, ob und wie die Ziele erreicht worden sind und teilt mit ihm Beobachtungen. Außerdem stellen sie Überlegungen an, wie die Nachhaltigkeit der Maßnahme gesichert werden kann und welche Follow-up-Veranstaltungen für die Gruppe sinnvoll und hilfreich sein könnten.

In diesen Ablaufphasen einer Maßnahme bzw. der einzelnen Übungen ist es wesentlich, dass es dem Erlebnispädagogen gelingt, seinen Führungsstil, seine Rolle und Aufgabe im Laufe der Übung zu verändern und den jeweiligen Herausforderungen anzupassen. So sollte er in der Lage sein, z. B. in der Präsentationsphase durch klare Ansagen und Erklärungen die „Fäden in der Hand" zu haben, in der Aktionsphase sich aber zurücknehmen zu können und nur zu beobachten und in der Reflexionsphase zwar Anstöße durch seine Fragen zu geben, das Gespräch aber nicht zu dominieren und so den Teilnehmern die Möglichkeit zu nehmen, eigene Entdeckungen zu formulieren.

7. Programmplanung unter Beachtung der Gruppen- und Ablaufphasen (Matrix)

Nachdem wir die Gruppenphasen und die Ablaufphasen jeweils einzeln betrachtet haben, gilt es nun, diese beiden für eine effektive Programmplanung miteinander zu vernetzen.

Auf den nächsten Seiten ist die „Ablauf- und Gruppenphasen"-Matrix[112] zu finden, die einen Gesamtüberblick über die unterschiedlichen Gruppen- und Ablaufphasen in ihrer Vernetzung gibt.

Dabei sind die Ablaufphasen in die Kategorien A-D eingeteilt, die Gruppenphasen in 1–4. Da ich mich auf eine Gruppe bezogen habe, die fortwährend bestehen soll, ist in der Matrix die Abschiedsphase nicht mit aufgegriffen.

Die in der Matrix aufgeführten Punkte stellen jeweils die besondere Aufgabe in dieser Phase (Schwerpunkte) vor, d. h. nicht, dass die anderen Facetten nicht vorkommen können, aber sie stehen nicht im Mittelpunkt.

Ablaufphasen Gruppen-phasen	Vorbereitung A	Präsentation B	Aktion C	Reflexion D
Phase 1 **Orientierungs-phase**	**A1** Allgemeine Infos über (die Gruppe und) die einzelnen TN einholen Generelle Ziel-setzung der Gruppe klären Formale Rahmen-bedingungen klären	**B1** wahrnehm-bare Leitung – Initiative er-greifen Sicherheit und Struktur geben klare Vorgaben geben Anfangsimpulse setzen	**C1** Wahrnehmbare Präsenz des Leiters Aktives Beobachten In kritischen Reaktionen relativ schnell reagieren, um Sicherheit zu vermitteln	**D1** Reflexionsebene 1 (Schwerpunkt): Sachebene, Beobachtung Niederschwellige Reflexion Klare Vorgaben durch den Leiter Einfache Fragen, damit jeder sich beteiligen kann

Ablaufphasen Gruppen-phasen	Vorbereitung A	Präsentation B	Aktion C	Reflexion D
Phase 2 **Macht- und Auseinander-setzungsphase**	**A2** Konfliktbereiche identifizieren und wahrnehmen Rollenzu-schreibungen und Cliquen-bildungen er-kennen und beachten Gesamtgrup-pengefüge im Auge behalten Potential der Gruppe sehen	**B2** Klare Vorgaben geben, aber Bewegungs-spielraum lassen Evt. Rollen bzw. Aufgaben-bereiche der TN vorgeben Blick der Gruppe auf Potential richten Gemeinsam-keiten betonen	**C2** Aktives Beobachten Konflikte nicht im Keim ersti-cken, sondern hervorholen, benennen und bearbeiten „Schwächere" schützen Als Leiter „neutral" bleiben Nicht zu viel hel-fen, Gruppe darf auch scheitern	**D2** Reflexionsebene 2: Verallgemeinerung, Interpretation evt. schon Ebene 3: Persönliche Ebene Konflikte nicht unter den Tisch kehren Sich als Leiter nicht in Konflikte hinein-ziehen lassen durch Parteiergreifung Zeit lassen für Äußerungen Darauf achten, dass Feedbackregeln eingehalten werden

Ablaufphasen Gruppen-phasen	Vorbereitung A	Präsentation B	Aktion C	Reflexion D
Phase 3 **Intimitäts-/ Vertrauens-phase**	**A3** Gruppe herausfordern Zu Leistungs-steigerung motivieren	**B3** Vorgaben begrenzen Freiraum und Gestaltungs-freiheit ver-größern	**C3** Aktiv beobachten Leiter hält sich zurück – keine/ kaum Anwei-sungen, Gruppe motivieren eigenständig zu arbeiten	**D3** Reflexionsebene 3: Persönliche Ebene Nicht bei „Friede-Freude-Eierkuchen“ stehen bleiben, Dinge beim Namen nennen Reflexionsebene 4: Bewertung

Ablaufphasen Gruppen-phasen	Vorbereitung A	Präsentation B	Aktion C	Reflexion D
Phase 4 **Differenzie-rungsphase**	**A4** Auf größtmög-liche Selbst-organisation der Gruppe achten Minimale Vor-gaben und Rahmenbe-dingungen Herausforde-rung für die Gruppe nicht zu gering halten	**B4** Vorgaben auf das Minimum reduzieren Freiraum und Gestaltungs-raum der Gruppe geben	**C4** Aktiv beobach-ten Leiter hält sich weitestgehend im Hintergrund Intervention des Leiters nur, wenn die Sicherheit auf dem Spiel steht und die Gruppe die Gefahr nicht erkennt.	**D4** Reflexionsebene 3: Persönliche Ebene Reflexionsebene 4: Bewertung und persönliche Stellungnahme Reflexionsebene 5: Transfer

Wirkungsmodelle in der Erlebnispädagogik

Wirkungsmodelle in der Erlebnispädagogik

„Der Gründergeneration stellten sich diese Fragen nicht. Ein naiv-idealistisches Verständnis prägte die Anfangsphase. Charakteristisch sind empathische Aufbruchsstimmung und optimistische Zuversicht. Durch die neue veränderte Praxis sollten die alten tradierten Formen mitsamt ihren Defiziten überwunden werden. Von der Umsetzbarkeit der programmatischen Entwürfe und Zielsetzungen sind die Protagonisten ebenso überzeugt wie von dem Erfolg der Reform. Eine Auffassung, die auch heute noch anzutreffen ist" (Paffrath 2013:198).

Wer Erlebnispädagogik heute als ein handlungs- und erfahrungsorientiertes Erziehungs- und Bildungskonzept und nicht nur als eine Aktion oder Methode, schon gar nicht nur als „Kick" oder „Nervenkitzel" versteht, der kommt nicht umhin, sich intensiv mit den verschiedenen Ansätzen von Erlebnispädagogik auseinanderzusetzen. Diese Ansätze unterscheiden sich vor allem in der Art und Weise, wie das Thema Reflexion und Lerntransfer angegangen wird, denn die Durchführung von erlebnispädagogischen Maßnahmen ruft zwangsläufig die Frage nach deren Wirkungen und Auswirkungen, nicht nur bei den Kritikern der Erlebnispädagogik, auf den Plan.

1. Zur Frage der Alltagsrelevanz erlebnispädagogischer Maßnahmen

„In der aktuellen Diskussion kommt der Frage nach der Wirksamkeit erlebnispädagogischer Programme und Methoden eine zentrale Bedeutung zu. Es geht vor allem um die Glaubwürdigkeit und Legitimation der Konzepte, der Verantwortbarkeit gegenüber Teilnehmern und Öffentlichkeit, die Rechtfertigung der eigenen Praxis" (Paffrath 2013:198).

Kritische Anfragen

Neben der „grundsätzlichen Kritik an der Erlebnispädagogik als gegenaufklärerisches Modell"[113] werden in der Hauptsache meist die zwei Bereiche „unzureichende theoretische Fundierung" und „mangelnder Nachweis der Wirksamkeit"[114] genannt. Werner Michl unterstreicht:

> *„Mit welchem Recht glauben wir daran, dass sich Erlebnisse auf der seelischen Leinwand einprägen und zu Verhaltens- und Einstellungsveränderungen führen? Wie verwandeln sich die Erlebnisse, die wir bei langen Wanderungen, auf tobenden Flüssen, in dunklen Höhlen, am steilen Fels empfinden in Gefühle, Gedanken und handlungsleitende Impulse?"*[115]

Dem Transfer vom Erlebnis zur Alltagspraxis kommt damit eine besondere Bedeutung in Bezug auf die Wirksamkeit erlebnispädagogischer Maßnahmen zu.

Vor diesem Hintergrund ist nachvollziehbar, wenn erlebnispädagogische Maßnahmen manchmal als „nette Spielerei“ charakterisiert und nicht ernst genommen werden, weil zu Recht die Frage bleibt,

- wie das Erleben im Wald oder in „naturnahen oder pädagogisch unerschlossenen Räumen“[116] mit der jeweiligen, viel komplexeren Alltagswelt verknüpft werden kann,
- wie kurzzeitpädagogische Maßnahmen, wie z. B. ein Nachmittag in einem Teamparcours, Einfluss auf langfristige Lernprozesse in der Sozial- und Teamkompetenz im Alltag nehmen können.

Die Notwendigkeit der Verifikation der Wirksamkeit und Übertragbarkeit einer erlebnispädagogischen Maßnahme ist also evident. Nach Heckmair/Michl[117] steht und fällt mit der Frage des Transfers der erlebnispädagogische Ansatz. Wenn in diesem Zusammenhang von Transfer gesprochen wird, so ist damit die Übertragung des in der erlebnispädagogischen Maßnahme Erfahrenen und Gelernten in die Alltagspraxis des jeweiligen Teilnehmers zu verstehen.

„Transfer beschreibt die Übertragung von Wissen, erlernten Fertigkeiten, Fähigkeiten und Erkenntnissen, Haltungen und Werten aus einer Lernsituation in ähnliche oder vergleichbare Situationen und Kontexte“ (Zuffellato/Kreszmeier 2007:161).

Mit anderen Worten: Der Teilnehmer hat erst dann wirklich etwas gelernt, wenn er in der Lage ist, dies auch in seinem Alltag anzuwenden und damit eine Entwicklung bei ihm feststellbar ist.[118]

Dabei werden grundsätzlich dreierlei Arten von Transfer unterschieden:[119]

- Fachspezifischer Transfer: Darunter versteht man die Anwendung konkreter Verhaltensweisen auf andere Lernsituationen. Dabei werden bestimmte Verhaltensweisen auf andere, strukturanaloge Lernsituationen angewandt. So kann z. B. das Sichern beim Abseilen auf das Sichern beim Klettern übertragen werden. Diese Art von Transfer hat kaum Bedeutung für den Alltag.
- Fachübergreifender Transfer: Hier werden konkrete Verhaltensweisen und Lernerfahrungen verallgemeinert und auf kontextfremde, aber strukturanaloge/ isomorphe Alltagssituationen übertragen. So können z. B. die Problemlösungsstrategien, die in einer erlebnispädagogischen Problemlösungsübung angewandt wurden, in eine konkrete Alltagssituation übertragen werden.
- Metaphorischer Transfer: In einer zum Alltag „isomorphen" (gleichgestaltigen) erlebnispädagogischen Übung werden Lernerfahrungen gemacht, die zu Verhaltensänderungen führen können und entweder schon während der Übung in der ähnlichen Struktur oder im Nachhinein durch eine Reflexion transferiert werden.

Schad[120] benennt einige zentrale Voraussetzungen die für einen Transfer grundlegend sind. Er geht sogar so weit, dass er behauptet, dass ein Transfer unter diesen optimalen Voraussetzungen sich „automatisch" einstellen kann, ohne dass sich der Pädagoge besonders sorgen muss:[121]

- Ein qualitativ hochwertiges Training: Dazu gehört, dass im Vorfeld der Maßnahme schon überlegt wird, wo für mögliche Lernerfahrungen realistische Transfermöglichkeiten im Alltag bestehen.
- Das Seminardesign muss mit seinen Aktivitäten auf die Teilnehmer und die gewünschten Lerninhalte abgestimmt sein.
- Während der Maßnahme sollten bereits Alternativen zu den vorhandenen Verhaltensweisen entwickelt und ausprobiert werden können.

Wissenschaftliche Untersuchungen

Laut Paffrath[122] ist eine Neuorientierung in der Überprüfung der „vorausgesetzten positiven Effekte“ der Erlebnispädagogik notwendig, weil der wissenschaftliche Legitimationsdruck sich verstärkt. Gleichzeit weist er darauf hin, dass qualitative Einzelstudien sich „nur begrenzt“ verallgemeinern lassen und dass repräsentative Evaluationsstudien im Bereich der Humanwissenschaften einen erheblichen Aufwand mit sich bringen.[123] Dennoch hat sich die Erlebnispädagogik dieser Herausforderung gestellt und einige beachtenswerte Studien und Beiträge geliefert.[124] Diese Studien belegen die Wirksamkeit und den positiven Einfluss in unterschiedlichen Handlungsfeldern und machen deutlich, dass neben den allgemeinen, bei allen Teilnehmern gleichermaßen festzustellenden Veränderungen (z. B. Erhöhung des Pulses bei einer Aktion, zunehmende Bewältigungskompetenz, erhöhtes Selbstwertgefühl) die Abstimmung der erlebnispädagogischen Aktivitäten auf jeden einzelnen Teilnehmer aber auch individuell abzustimmen sind, weil jeder Einzelne unterschiedlich auf die jeweiligen Herausforderungen (subjektive Herausforderung) reagiert.[125] Je mehr es gelingt, in erlebnispädagogischen Maßnahmen Bezüge zum Alltag zu schaffen, desto wirksamer sind sie.[126] Auch Nach-Betreuungen (Follow-ups) verstärken die Wirksamkeit. Dennoch dürfen zwei Dinge nicht unerwähnt bleiben:

- Nicht bei allen therapeutischen Maßnahmen, insbesondere mit männlichen Straffälligen, konnten positive Ergebnisse erzielt werden.[127]
- Auch wenn „wissenschaftliche Studien bestimmte Wirkungen erlebnispädagogischer Programme belegen, so lassen sich die Befunde jedoch nicht verallgemeinern oder unmittelbar auf andere Projekte übertragen“.[128]

Aspekte aus der Hirnforschung

In diesem Zusammenhang haben auch die Entdeckungen in der Hirnforschung der letzten Jahre[129] zu interessanten Erkenntnissen geführt. Wussten Pädagogen schon lange intuitiv, dass Lernen mit Kopf, Herz und Hand effektiver ist als reines „Sitzlernen"[130], so ist dies durch die neuere Hirnforschung bestätigt worden.

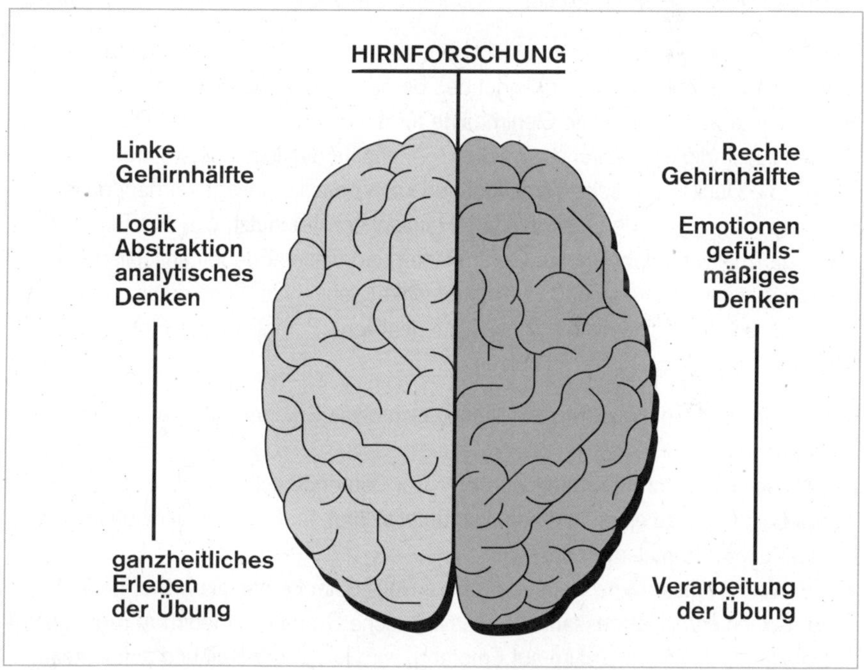

Grafik 9: Hirnforschung

„Aus Sicht der heutigen Hirnforschung knüpfen Erfahrungen und insbesondere intensive Erlebnisse neue neuronale Verbindungen, feine synaptische Spuren, die zu starken Nervenverbindungen ausgebaut werden können durch erfolgreiche Nutzung und Zeit. Lernsituationen bieten, unter diesem Aspekt betrachtet, die Möglichkeit, Samen zu pflanzen und die Transferleistung beinhaltet die Hege und Pflege eines solchen jungen Pflänzchens."[131]

Dies ist für einen Pädagogen nun nicht neu, aber es lässt sich mit diesen Erkenntnissen gut belegen, was gelingendes Lernen wirklich auszeichnet. Wir wissen heute, dass die rechte Gehirnhälfte für die Emotionen, das gefühlsmäßige Denken zuständig ist, während die linke Gehirnhälfte das logische, abstrakte und analytische Denken abdeckt. Vereinfachend kann deshalb gesagt werden, dass Erlebnispädagogik beide Gehirnhälften (Hemisphären) benutzt, weil der Teilnehmer etwas ganzheitlich erlebt (rechte Gehirnhälfte) und dieses Erleben anschließend oder auch während der Übung verarbeitet (linke Gehirnhälfte) und somit den Menschen ganz in Beschlag nimmt. Dieses „menschliche Potential", das Gott in den Menschen gelegt hat, gilt es zu nutzen.

In Anlehnung an Heckmair/Michl[132] lassen sich diese Erkenntnisse folgendermaßen zusammenfassen:

- „Wissen kann nicht vermittelt werden". Der Lernende selbst muss es sich erarbeiten und zu eigen machen. Die Entwicklung der Persönlichkeit geschieht nicht durch Frontalunterricht.
- Emotionen spielen eine weitaus größere Rolle beim Lernen als bisher gedacht. Erst wenn etwas interessant ist – das limbische System im Gehirn Anregungen erhält – schaltet das Gehirn auf Empfang, wird leistungsbereit und aufmerksam.

- Laut Spitzer[133] lernt das Gehirn immer und ist dann motiviert, wenn etwas besser gelingt als erwartet. „Motivation ist ein körpereigener Belohnungsprozess, der dann einsetzt, wenn etwas besser gelingt als erwartet."[134] Deshalb unterstützt Ermutigung den Lernprozess.
- Wenn der Lernende selbst aktiv wird und in den Zustand des „Flow" kommt, wo „er ganz bei sich und seiner Tätigkeit ist"[135], lernt er am meisten. Dies spricht gegen eine Zerstückelung von Lerninhalten. „Die herkömmliche Zerstückelung von Lerninhalten führt zum Zapping im Gehirn und verhindert Lernen."[136]

„Im Flow-Zustand folgt Handlung auf Handlung, und zwar nach einer inneren Logik, welche kein bewusstes Eingreifen von Seiten des Handelnden zu erfordern scheint. Er erlebt den Prozess als ein einheitliches Fließen von einem Augenblick zum nächsten, wobei er Meister seines Handelns ist und kaum eine Trennung zwischen sich und der Umwelt, zwischen Stimulus und Reaktion, oder zwischen Vergangenheit, Gegenwart und Zukunft verspürt (...)."

- Lernen geschieht am besten durch Interaktion und Kommunikation. Sie sind „Lernkraftverstärker" (Heckmair/Michl), die dazu dienen sich durch die Auseinandersetzung mit unterschiedlichen Wahrnehmungen und Bewertungen durch andere eine eigene Meinung zu bilden.
- Wenn Emotionen beim Lernen eine so entscheidende Rolle spielen, dann dürfte eine auf den Körper und auf Bewegung ausgerichtete Pädagogik diese besonders gut aktivieren und zu einem Lernerfolg verhelfen.

In diesem Sinn sind neurowissenschaftliche Erkenntnisse „Steilvorlagen für die Erlebnispädagogik“[137] und geben dieser Auftrieb. Hermann (2006)[138] stellt die Erlebnispädagogik als Modell für gehirngerechte Pädagogik dar und weist darauf hin, dass das Zusammenspiel von Natur, Körper und Gemeinschaft dazu beiträgt, dass „dichte Momente und intensive Lernerfahrungen“[139] gemacht werden können. Die Gefahr besteht aber darin, dass durch andauernde Herausforderungen auf den Stresspegel der Teilnehmer geachtet werden muss, dass dieser nicht überreizt wird und sich dann negativ auswirkt. Auch Bauer, Spitzer/Hüther befürworten direkt „oder indirekt erlebnispädagogische Konzepte zur Persönlichkeitsbildung und die Einbeziehung der emotionalen Komponente beim Lernen.“[140]

2. Möglichkeiten der Ergebnissicherung: Sechs Wirkungsmodelle im Überblick

Modelle helfen, Sachverhalte besser und klarer zu strukturieren, ohne dass jetzt davon ausgegangen werden muss, dass in der Praxis diese Modelle immer so in Reinform angewandt werden.

Ausgehend von diesen Überlegungen werden im folgenden Abschnitt sechs Modelle vorgestellt, die auf Priest und Gass zurückgehen und die Frage beantworten, wie die oben genannten Ziele in der Praxis umgesetzt werden können. Dabei werden jeweils Möglichkeiten aufgezeigt, wie das Erlebte und die Erfahrungen, die in erlebnispädagogischen Maßnahmen gemacht werden, in die jeweiligen Alltagssituationen transferiert werden können, denn: „Erlebnispädagogische Arrangements erweisen sich umso wirksamer, je mehr es gelingt, Bezüge zum Alltag zu schaffen.“[141] Die Gestaltungsmöglichkeiten der Reflexion reichen von Reflexion vor der Aktion (Direktives, metaphorisches und indirekt-metaphorisches Handlungslernen) über Reflexion während der Aktion (Handlungslernen pur), bis hin zur Reflexion nach einer Aktion (Kommentiertes Handlungslernen, Handlungslernen durch Reflexion). Friebe[142] hat diese sechs, durch ein weiteres Modell ergänzt, dem „Handlungslernen durch Unterbrechungen“. Dieses oftmals in der Praxis angewandte Modell „friert den Handlungsablauf“ gewissermaßen ein, hält das Geschehen an, um so das „Geschehen in verdichteten Situationen zu analysieren, typische Verhaltensmuster bewusst zu machen oder geeignete Alternativen zu erproben.“[143]

Handlungslernen pur (learning and doing)

Grafik 10: Handlungslernen pur

Dieses Modell, auch „The Mountains speak for themselves“ genannt, lehnt sich an dem Thoreau'schen Motto *„Die Natur ist die beste Lehrmeisterin“*[144] an. Es geht davon aus, dass eindrucksvolle Erlebnisse in der Natur für sich selbst sprechen und unbewusst zu einer Lernerfahrung beitragen. Mit anderen Worten: Das Erlebnis reicht aus, um den Menschen positiv zu prägen und ist selbst so stark, dass es eine automatische Wirkung auf das Alltagsverhalten der Teilnehmer hat. Deshalb sieht dieses Modell keine Reflexion vor, sie findet allenfalls spontan statt. Die Aufgabe des Pädagogen besteht lediglich darin, dass er die Aufgabe und die Erlebnisse arrangiert und auf die Sicherheit der Teilnehmer achtet.

Programme, die nach diesem Motto durchgeführt werden, brauchen eigentlich keine Fachkräfte, die pädagogisch oder psychologisch geschult sind. Es reicht, wenn die Fachkraft im technisch-instrumentellen Bereich dafür Sorge tragen kann, dass die Unversehrtheit der Teilnehmer gewährleistet wird.

Das ist allenfalls „Minimalpädagogik“, es fehlt eine „zielbewusste Vorgehensweise“[145] und ist aus „pädagogischer Sicht zu vage und wenig zielgerichtet“[146]. Die Bezeichnung „pädagogisch“, wenn auch nur minimal, kann deshalb akzeptiert werden, weil bei dieser Maßnahme wenigstens noch erwartet wird, dass die Aktion etwas bewirkt und nicht nur „just for fun“ ist. Dieses Modell ist dennoch eher der Erlebnisorientierung als der Erlebnispädagogik zuzuordnen.

Die Kritik liegt darin, dass keine Hilfestellung zum Transfer der Ausnahmesituation in der Natur und in Natursportarten wie Höhlenbegehungen, Kajakfahren, Klettern, Canyoning in das alltägliche Leben gegeben wird. Die Erwartung, dass es Automatismen gibt, die den Transfer in das jeweilige Umfeld des Teilnehmers bewerkstelligen und für eine Nachhaltigkeit, also eine längerfristige Wirkung sorgen, wird in der Regel nicht erfüllt bzw. bleibt zumindest fraglich. An dieser Stelle setzen auch Kritiker ein, die der Erlebnispädagogik vorwerfen, dass sie „naiv auf die unmittelbare Wirkkraft äußerer wie innerer Natur“[147] setze.

> *„Das Erlebnis allein reicht nun aber für einen bleibenden Lernerfolg nicht aus: Dieser setzt einen zusätzlichen Bewusstseinsprozess voraus. Indem die Teilnehmer ihre Erlebnisse interpretieren, ihre persönlichen Bewertungen vornehmen und mit ihrem Alltagsleben in Verbindung setzen, gewinnen diese Erlebnisse an Relevanz und werden so zur persönlichen Erfahrung.“*[148]

Bei aller Kritik ist es aber nicht von der Hand zu weisen, dass es zuweilen auch Erlebnisse geben kann, die so stark wirken, dass eine Reflexion überflüssig, ja sogar störend wirken würde und die Gefahr des Zerredens gegeben wäre.

Bei einer Abseilaktion hat sich eine Teilnehmerin nach langem Zögern und viel Zuspruch letztlich darauf eingelassen, sich an das Seil „zu hängen“ und darauf zu vertrauen, dass sie heil unten ankommt. Während sie sich oben an der Kante noch recht unschlüssig und ängstlich ist, was an ihrem Gesichtsausdruck deutlich zu sehen ist, ändert sich ihre Haltung auf halber Strecke, als sie merkt: Das Seil hält mich. Unten angekommen ist sie überglücklich, dass sie sich auf die Aktion eingelassen und ihre Angst überwunden hat.

In solchen Situationen ist es sinnvoll, wenn den Teilnehmern Zeit gegeben wird, dass sie sich zurückziehen und in Ruhe über das Erlebte nachdenken können. So eingesetzt ist dieses Modell aber nicht nur ein „Nicht-darüber-reden“, weil dem Pädagogen gerade nichts einfällt und ein „Darauf-vertrauen“, dass das Ereignis schon etwas bewirken wird, sondern das „bewusst eingesetzte, reflektierte und sich in die Situation einfügende Schweigen".[149] Auch Paffrath[150] unterstreicht diese Einsatzmöglichkeit des Modells:

> *„So hat auch das ‚Handlungslernen pur' … noch seinen Stellenwert, wenn z. B. meditative Zugänge, persönliche Empfindungen oder spirituelle Erfahrungen in und mit der Natur im Vordergrund stehen. Es ist durchaus kein passives Modell. Der dynamische Prozess der Auseinandersetzung wird nur nicht verbalisiert oder nachträglich reflektiert."*

Kommentiertes Handlungslernen (learning by telling)

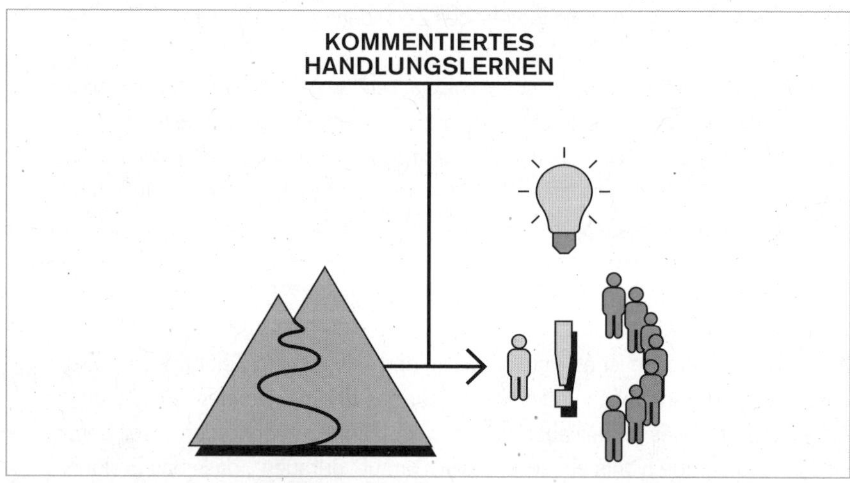

Grafik 11: Kommentiertes Handlungslernen

Das „Kommentierte Handlungslernen" zeichnet sich dadurch aus, dass der Pädagoge im Anschluss an die Aktivität die wesentlichen Lernziele zusammenfasst und als Experte erläutert, was die Teilnehmer aus der Übung lernen können und wie sie es umsetzen sollen. Der Pädagoge übernimmt dabei die Rolle des Experten, die Teilnehmer selbst bleiben aber passiv.

Im Gegensatz zum „Handlungslernen pur" gibt es beim „Kommentierten Handlungslernen" ein Nachgespräch im Anschluss an die Aktion, bei der es aber nicht zu einer Reflexion der Teilnehmer kommt, diese auch nicht selbst involviert sind, sondern der Pädagoge im Mittelpunkt steht.

> *„Die TeilnehmerInnen erhalten die Interpretation der Erlebnisse vorgekaut und werden nicht angehalten eine selbständige Meinung zu entwickeln."*[151]

In vielen Fällen wird dieses Nachgespräch aber von den Teilnehmern nicht als hilfreich, schon gar nicht als stimmiges Feedback, sondern eher als „besserwisserisches Gehabe"[152] aufgenommen und wirkt in der Regel eher demotivierend. Dennoch darf und kann dieses Modell deshalb nicht ganz von der Hand gewiesen werden, weil es auch Gruppen gibt, denen die eigene Reflexion nicht gelingt und die auf Hilfe von „außen" angewiesen sind.

Handlungslernen durch Reflexion (Learning through reflection)

„Outward Bound" ist ein alter Seemannsausspruch, der früher verwendet wurde, wenn ein Schiff fertig zum Auslaufen war. Kurt Hahn, der Vater der modernen Erlebnispädagogik hat diesen Ausspruch aufgegriffen und aufgenommen und hat seine von ihm gegründeten Schulen in Salem am Bodensee und an der Westküste von Wales so benannt. Heutige Schulen nach Hahn'scher Prägung nennen sich immer noch Outward Bound Schulen.

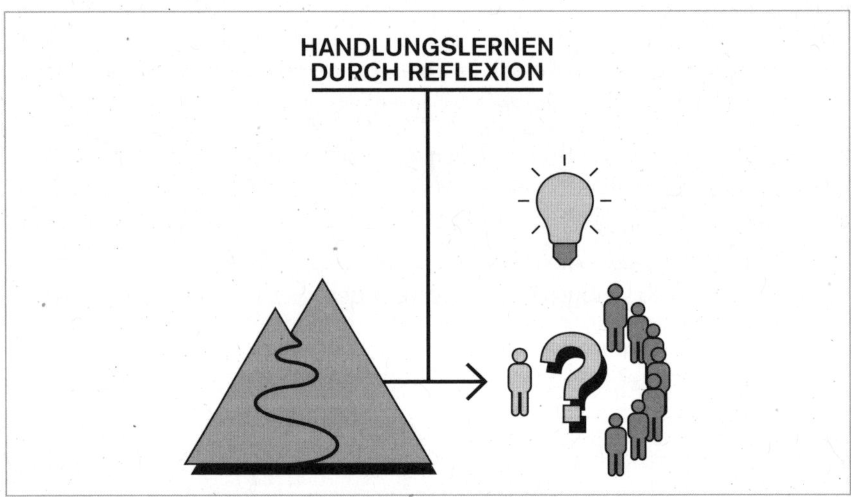

Grafik 12: Handlungslernen durch Reflexion

Dieses auch „Outward Bound Plus“ genannte Modell baut auf den Grundideen Kurt Hahns auf. Kennzeichen des Modells „Outward Bound Plus“ ist eine relativ klar geplante Aktion, eine Reflexion und ein Transfer der gemachten Erfahrung in den Alltag. Die (in der Natur) gemachten Erfahrungen werden in der sich an die Aktion anschließende Reflexionsrunde kognitiv im Gespräch verarbeitet, um so das Erlebte ins Bewusstsein zu heben und zu einer hohen Ergebnissicherung zu führen.

Die Grundidee hinter diesem Modell heißt: Der Prozess einer erlebnispädagogischen Maßnahme ist mit dem Ende der Maßnahme nicht zu Ende. Aus dem Erleben muss zunächst bewusste Erfahrung werden, bevor ein Transfer möglich ist. Meier-Gantenbein[153] betont, dass die volle Tragweite eines Erlebnisses erst dann erreicht wird, wenn es bewusst (verbal) verarbeitet wird. Hierbei ist der Pädagoge gefragt „Reflexionen situations-, bedarfs- und zielorientiert zu gestalten, um so den Teilnehmern einen möglichst großen Raum zum Lernen zu bieten“.[154] Er selbst hält sich mit eigenen Antworten zurück und lässt den Teilnehmern die Möglichkeit, eigenständige Aussagen zu machen, selbst zu reflektieren und zu eigenen Erkenntnissen zu kommen. Dies setzt natürlich voraus, dass die Teilnehmer in der Lage sind, eigenständig zu reflektieren. Wo diese Fähigkeit oder auch Bereitschaft dazu nicht vorhanden ist, ist dieses Modell nur eingeschränkt wirkungsvoll.[155]

Somit bleibt das Erlebnis nicht allein im Raum stehen und ein Transfer der Beliebigkeit ausgesetzt, sondern er wird bewusst angeregt, in der Hoffnung, dass die einzelnen Teilnehmer sich darauf einlassen. Das Modell geht dabei davon aus, „dass Menschen am ehesten bereit sind, an sich zu arbeiten und an Verhaltensänderungsprozessen mitzuwirken, wenn sie diese Prozesse aktiv mitbestimmen und beeinflussen können“.[156] Erst der über das verbal aufgearbeitete Erlebnis gelungene Praxis-Transfer macht eine erlebnispädagogische Aktion fruchtbar.

Direktives Handlungslernen (direction with reflection)

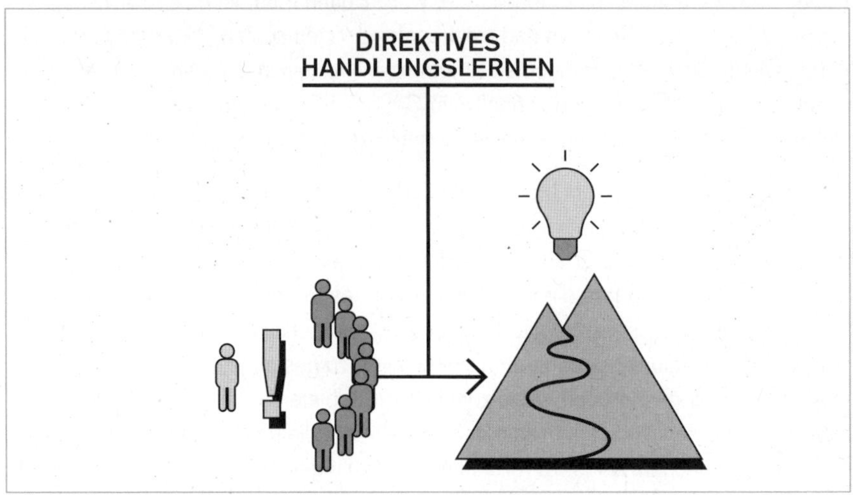

Grafik 13: Direktives Handlungslernen

Bei dem Modell des „Direktiven Handlungslernens" werden die Teilnehmer vorab mit Informationen versorgt. Lang/Rehm umschreiben dieses Modell mit dem Motto: „Tu, was ich dir sage – erleb, was ich dir plane." Damit unterstreichen sie die klare und unmissverständliche Steuerung durch den Erlebnispädagogen, der durch dieses Verhalten direkten Einfluss auf das Verhalten der Teilnehmer nimmt.[157] Die Lernziele werden benannt und bereits im Vorfeld erörtert und außerdem Inputs für die Aktion in der Anmoderation der Aktion gegeben („Frontloading"). Senninger nennt dieses Modell „Antizipierte Erlebnisse".[158]

Dadurch, dass schon vor Beginn der Aktion über Lernziele, die erreicht werden sollen, gesprochen und evtl. auch Handlungswege erörtert, zum Teil auch vorgegeben werden, ist einerseits die Zielrichtung und was erreicht werden soll, explizit benannt und für jeden Teilnehmer klar. Andererseits wird durch dieses Frontloading die Freiheit der Teilnehmer und der Gruppenprozess von vorneherein eingeschränkt und gesteuert. In einer Orientierungs- (norming) oder Nahkampf- bzw. Positionierungsphase (storming), wo Vorgaben für den Gruppenprozess noch angebracht sind, kann dies hilfreich sein, in der Organisierungs- bzw. Vertrauensphase (forming) und Verschmelzungs- bzw. Differenzierungsphase (performing) ist es aber eher kontraproduktiv zu sehen. Motivation und Engagement der Teilnehmer werden bei diesem Modell wenig gefördert, weil der Pädagoge alles „vorkaut" und auch die Interpretation der Erlebnisse übernimmt.[159]

Trotz eines solchen Frontloadings ist dennoch im Verlauf der Aktion damit zu rechnen, dass sich die Aktion anders entwickelt, als vorgegeben wurde, denn es handeln hier Menschen, die nicht nach mathematischen Gesetzmäßigkeiten zu bestimmen sind.

> *„Je mehr Sinne durch das Erleben angesprochen werden, desto intensiver und nachhaltiger gestaltet sich das Erleben bei den TeilnehmerInnen. Damit ist aber gleichzeitig auch schon eine Schwierigkeit der Erlebnispädagogik benannt: Sowohl die Erlebnisqualität als auch deren Bewertung sind von Mensch zu Mensch verschieden. Je nach persönlichen Vorerfahrungen und Veranlagungen, sind sowohl die Wahrnehmung also auch die Verarbeitung des Erlebnisses völlig unterschiedlich. Es ist deshalb auch kaum vorherzusagen, welches Erlebnis vom Einzelnen zu einer bleibenden Erfahrung verarbeitet werden kann. Das heißt, dass sich Erlebnisse schlecht operationalisieren lassen: Demnach ist eine genaue Vorhersage der Wirkung von Erlebnispädagogik schwierig."*[160]

Dieses Modell spielt heute eher eine untergeordnete Rolle.[161] Es ist ungeeignet, wenn die Vergrößerung des individuellen Verhaltensrepertoires, das Ausprobieren und Testen neuer Rollen und Verhaltensweisen und das Finden eigenständiger Lösungen als Ziel gesetzt ist. Es kann aber durchaus angemessen bei Plan- und Rollenspielen sein bzw. wenn die Gruppe oder auch Einzelne zur Eigenreflexion nicht in der Lage sind.[162]

Metaphorisches Handlungslernen (reinforcement in reflection)

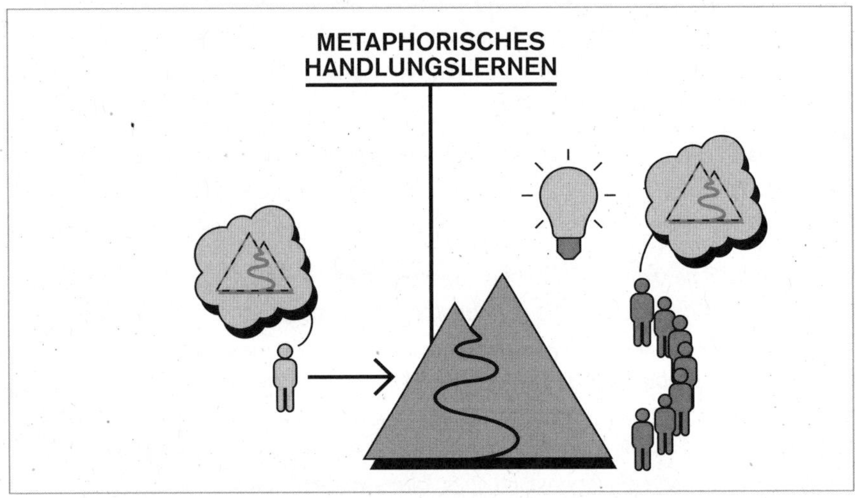

Grafik 14: Metaphorisches Handlungslernen

Das von dem Psychologen Stephen Bacon Anfang der 1980er Jahre erstmals publizierte Modell stellt die erlebnispädagogische Aktion wieder in den Mittelpunkt und lässt sich mit folgenden Begriffen auf einen kurzen Nenner bringen:

- eine möglichst große Strukturähnlichkeit der Aktion mit der Alltagsrealität der Teilnehmer („isomorphe" Struktur)
- pädagogische Begleitung während der Aktion
- bewusster Verzicht auf eine Reflexion

„Die Mikrowelt ist einfacher und eher auf die Grundlagen reduziert, als die Normalwelt, aber ihre meisten wichtigen Elemente sind darin bewahrt. Das bedeutet in der Praxis, dass beinahe alle kritischen Themen, die das Leben der Teilnehmer beherrschen, im Kurs ganz schnell an die Oberfläche kommen. Die Teilnehmer werden dann versuchen mit diesen Themen zu Rande zu kommen, indem sie die Strategien anwenden, die für ihr Verhalten zu Hause typisch sind" (Bacon 1998:41).

Gehen die reflexionsorientierten Modelle davon aus, dass der Lernerfolg nur durch verbale Bewusstmachung erreicht werden kann, geht Bacon davon aus, dass ein erlebnispädagogisches Setting in seiner Struktur als eine Art „Mikrowelt des Alltags", das mit der Alltagssituation der Teilnehmer große Ähnlichkeit aufweist – also entsprechend „isomorph" ist –, für einen Lernerfolg ausreicht. Die von den Teilnehmern in dieser Aktion gemachten neuen Erfahrungen und ausprobierten Verhaltensmuster werden diese – so die Auffassung Bacons – dann auch in ähnlich gelagerten Alltagssituationen anwenden. König/König[163] bringen es so auf den Punkt:

„Strukturähnlichkeit mit der Alltagsrealität ermöglicht [die] direkte Übertragung von Erlebnissen."

Die Aufgabe des Pädagogen besteht vorrangig darin, dass er den Teilnehmern zum einen möglichst isomorph gestaltete Aktionen bietet und zum anderen, dass er den Teilnehmern neue Erfahrungen und Verhaltensmöglichkeiten bietet.

Der Transfer geschieht nach Ansicht Bacons dadurch, dass die neuen Erfahrungen und Verhaltensweisen in der Mikrowelt der erlebnispädagogischen Aktion aufgrund ihrer Isomorphie direkt in den Alltag übertragen werden können.

> *„Ein Teilnehmer kann in zukünftigen Situationen, die isomorph … sind, auf Erfahrungen oder Verhaltensmuster zurückgreifen, die er … erlernt hat."*[164]

Hier sind, wie König/König[165] richtig bemerken, „individuelle Programm-Designs" gefragt, da „Isomorphie nicht mit der Schablone hergestellt werden" kann. Ohne eine gründliche Analyse der Gruppe ist dies aber nicht möglich. Dies stellt eine große Herausforderung, um nicht zu sagen Hürde, für eine gelingende Aktion dar, denn jede einzelne Aktion muss genau auf die Zielgruppe abgestimmt werden. Es stellt sich die Frage, wie groß die Abweichung der Mikrowelt zur Alltagswelt sein darf, damit die „direkte" Übertragung, die Bacon erreichen will, noch gelingt. Der Transfer ist damit abhängig von der Qualität der Metapher, der Brücke zwischen erlebnispädagogischer Aktion und Alltagsituation.

Das Bacon'sche Modell wurde in der Zwischenzeit weiterentwickelt, z. B. von Peter M. Senge. Er stellt die Mikrowelten als „die Technik der lernenden Organisation" dar.

„Die Besonderheit dieser Mikrowelten besteht in der Verdichtung von Zeit und Raum … Die gravierendste Änderung zu den Mikrowelten, wie Bacon sie beschrieben hat, besteht wohl im Aufwand, der heute in Trainings betrieben wird, um Mikrowelten zu schaffen. Ist Bacon noch davon ausgegangen, dass sich Mikrowelten im Training praktisch ‚automatisch' ergeben, so werden Mikrowelten heute durch intensive Vorbereitungen gezielt konstruiert."[166]

Indirektes Handlungslernen (redirection before reflection)

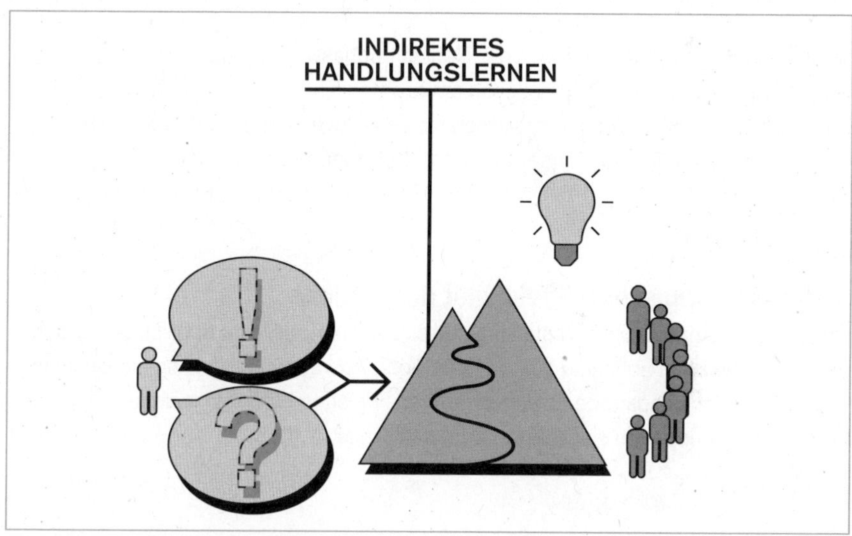

Grafik 15: Indirektes Handlungslernen

Neben dem direktiven Handlungslernen gibt es das Modell des indirekten Handlungslernens. Der Pädagoge gibt dabei in der Anmoderation der Aktion indirekte Hilfestellungen und Andeutungen, die die Gruppe ansporen sollen, ihre Zusammenarbeit zu verbessern. Die Reaktion der Gruppe auf diese indirekten Hilfen zeigt gleichzeitig, wie lernbereit die Gruppe ist. Lang/Rehm[167] bringen in diesem Zusammenhang eine Variante ins Spiel, wenn sie von „antizipierten Erlebnissen" sprechen. Die indirekte Hilfestellung erfolgt in diesem Fall über Fragen, die mit der Gruppe wichtige Punkte (z. B. „Wie soll die Zusammenarbeit aussehen?") im Vorfeld der Übung bespricht.

Dieses Modell ist insbesondere in der Nahkampfphase (storming) einer Gruppe, wenn die Kooperationsschwierigkeiten am größten sind, eine gute Hilfe. Im Gegensatz zum direktiven Handlungslernen ist die Intervention des Pädagogen nicht so stark und bestimmend, sondern dezent, aber dennoch hilfegebend. Das Modell des indirekten Handlungslernens lässt der Gruppe den eigenen Entscheidungs- und Handlungsspielraum.

3. Zur pädagogischen Effektivität der Modelle

Schon in der Analyse und Darstellung der einzelnen Modelle ist deutlich geworden, dass die Effektivität abhängig von der jeweiligen Anwendungssituation ist. Deshalb muss ein Erlebnispädagoge abwägen können, welches Modell in welcher Situation bei welcher Gruppe am sinnvollsten anzuwenden ist.

Die Unverfügbarkeit der Ergebnisse

Auch wenn wissenschaftliche Studien bestimmte Wirkungen bei erlebnispädagogischen Maßnahmen zeigen und belegen, so lassen sich dennoch Verhaltensmodifikationen und ein Transfer in den Alltag bei allem guten Vorbereiten einer Maßnahme nicht verfügbar machen.[168] Beide sind subjektiv bedingt und lassen sich nicht zielgenau herbeiführen und sind pädagogisch nicht vorausplanbar. Deshalb kann die Erlebnispädagogik keine Erfolgsgarantien versprechen und diese dürfen auch nicht erwartet oder verlangt werden.[169] Der Pädagoge kann einzig und allein das pädagogische Setting, d. h. gute Rahmenbedingungen und Gelegenheiten, planen und so gestalten, dass Lernziele und Erfahrungen möglich oder sehr wahrscheinlich werden. Damit wird deutlich, dass die Wirkung nicht in der (abenteuerlichen) Aktion selbst, sondern im Umgang des Teilnehmers mit dieser Aktion, insbesondere seine Reaktion und Verarbeitung dieser Aktion im Alltag, liegt. Dies bedeutet auch, dass der Erlebnispädagoge eine „Transferoffenheit"[170] haben muss und nicht nur auf seine anvisierten Transferpunkte fixiert sein darf.

Die Verantwortung des Transfers liegt beim Teilnehmer

Ein Transfer ist letztlich also nur da möglich, wo sich der einzelne Teilnehmer darauf einlässt und sich nicht dagegen sperrt. Wagner weist darauf hin, dass diese Verantwortung von den Teilnehmern nur dann übernommen wird, wenn die Gründe für das Training klar sind, das Thema für sie relevant und auf ihre Anliegen abgestimmt ist, der Pädagoge prozessorientiert arbeitet, sie das Gefühl haben, dass die bearbeiteten Themen sie wirklich weiterbringen, die Maßnahme in ein übergeordnetes Konzept eingebunden ist und ihre Vorgesetzten diese Entwicklung einfordern.[171]

Die Verantwortung für den Transfer liegt beim Teilnehmer selbst und nicht beim Erlebnispädagogen oder mit Blanchard[172] gesprochen: Der Affe sitzt auf der Schulter des Teilnehmers.

> *„Ein Trainer, der wohlmeinend stellvertretend für die Seminarteilnehmer Transferprojekte formuliert, handelt trotz bester Absichten kontraproduktiv."*[173]

Der Pädagoge kann nur Hilfestellung geben und Katalysator für einen Transfer sein.[174] Aber genau dies sollte er auch tun. Das geschieht dann, wenn er die Maßnahme nicht mit Aktionen vollplant, sondern indem er Zeit und Raum für Auseinandersetzungen mit Transfermöglichkeiten während der Maßnahme und insbesondere auch in der Abschlussrunde gibt. Dabei sollte der Pädagoge darauf achten, dass konkrete Aussagen gemacht werden und es nicht bei Allgemeinsätzen bleibt.[175]

Kriterien für die Wahl eines bestimmten Modells

Diese Einschränkung entbindet den Pädagogen aber nicht, sich Gedanken darüber zu machen, wie Lernziele möglichst gut und effektiv erreicht werden können,[176] sondern stellt geradezu die besondere Herausforderung dar. Die Frage, welches Modell wann am besten einzusetzen ist, richtet sich nach dem Zweck und dem Ziel der Maßnahme.[177]

- Wenn die Maßnahme mehr oder weniger als Spaß und Genussaktion oder Event (incentive) angelegt ist, ist das Modell „The Mountains speak for themselves" als alltäglichstes und einfachstes Modell ausreichend. Außerdem hat dieses Modell auch dann seine Berechtigung, wenn „erlebnispädagogische Aktivitäten Einsichten vermitteln, die unmittelbar für sich sprechen und nicht kommentiert werden müssen".[178] In der Praxis sieht das so aus, dass der Erlebnispädagoge eine Aktion vorbereitet, sie erklärt und der Gruppe die Ausführung überlässt.

Wenn sich im Anschluss daran ein Gespräch ergibt, ist das schön und gut, wird aber vom Erlebnispädagogen nicht angestoßen oder gar initiiert. Die Aufgabe des Erlebnispädagogen besteht einzig und allein darin, das Erlebnis zu konstruieren und auf die Sicherheit der Teilnehmer zu achten. Die Chance und die Stärke bei diesem Modell liegt darin, dass der Erlebnispädagoge einen „ungefilterten Eindruck“ von der Gruppe bekommen kann, was insbesondere gerade zu Beginn einer Maßnahme, insbesondere für die Zielfindung und eine Gruppenanalyse, sehr hilfreich sein kann.

- Kommentiertes Handlungslernen bietet sich nur dann an, wenn keine Zeit zu einer Reflexion ist bzw. die Teilnehmer nicht in der Lage sind, (unter Anleitung) eigenständig zu reflektieren. Es findet zwar eine Art Ergebnissicherung statt, aber es kommt ganz auf die Art und Weise an, wie der Erlebnispädagoge als „Experte“ seine Beobachtungen, Erkenntnisse und Rückschlüsse der Gruppe gegenüber präsentiert, ob diese angenommen werden oder es nur als „Besserwisserei“ abgetan wird.
- Outward Bound Plus bietet sich dann an, wenn es sich um ein Training handelt, das bei den Teilnehmern zu einer Verhaltensmodifikation oder einer Persönlichkeitsentwicklung führen soll. Es ist der wohl gebräuchlichste Ansatz, der ein hohes Maß an Ergebnissicherung und Transfer möglich macht, aber auch die Gefahr birgt, dass wichtige Erkenntnisse zerredet werden.[179]

- Das metaphorische Modell ist dann angebracht, wenn der Pädagoge die Alltagsrealität der Gruppe bestens kennt und in der Lage ist, diese möglichst isomoroph abbilden zu können. Ansonsten ist die Gefahr der Fehlinterpretation sehr hoch. Die Hauptaufgabe beim Erlebnispädagogen liegt also im Bereich der Vorbereitung, dass er die Aufgabe möglichst nahe an der Alltagsrealität konstruiert. Die Frage, die sich in diesem Zusammenhang stellt ist: Wie „nah" muss die Übung sein, wie „weit weg" darf sie sein, damit sie von den Teilnehmern noch als isomorph empfunden und realisiert wird.
- Das direktive und indirekte Handlungslernen bietet sich insbesondere dann an, wenn die Teilnehmer sich im Gruppenprozess in der Orientierungs- bzw. der Nahkampfphase befinden und dem Gruppenprozess eine gewisse Steuerung von außen helfen kann. Dabei lässt das direktive Handlungslernen den Teilnehmern kaum Gestaltungsfreiraum, gibt dafür aber mehr Sicherheit. Das indirekte Handlungslernen fordert die Teilnehmer insofern heraus, dass sie dezente Hilfestellung bei der eigenständigen „Erarbeitung" der Aktion vom Erlebnispädagogen bekommen. Dieses Modell bietet sich auch dann an, wenn bestimmte Schwächen in der Gruppe schon bekannt sind und diese bearbeitet werden sollen.[180]

Da von einem Pädagogen erwartet wird und erwartet werden kann, dass er auf die jeweilige Gruppe, ihre Bedürfnisse und auch auf die aktuelle Situation, wie sie sich in der Maßnahme ergibt, eingeht, wird er sich auch der unterschiedlichen Modelle bedienen und sich nicht auf ein Modell festlegen, sondern diese situationsbedingt anwenden.

Reflexion

Reflexion

1. Reflexion in der Erlebnispädagogik

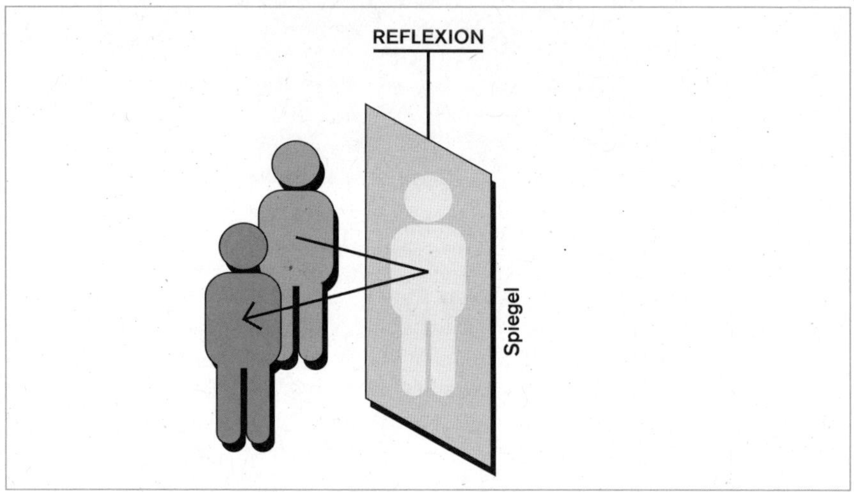

Grafik 16: Reflexion

Das Substantiv „Reflexion“ kommt aus dem Lateinischen („reflectere“) und bedeutet. „wenden“, „zurücklenken“, „drehen“. Im Deutschen wird das Verb „reflektieren“ im Sinn von „zurückwerfen von Schall- oder Lichtquellen“, „widerspiegeln“, „einen Widerschein hervorrufen“ oder „zurückstrahlen“ verwendet. In der Programmierung versteht man unter Reflexion, „dass ein Programm seine eigene Struktur kennt und diese, wenn nötig, modifizieren kann“.[181]

In der Reflexion[182] geht es vor allem darum, das Erlebte noch einmal Revue passieren zu lassen und sich gemachter Erfahrungen bewusst zu werden. Der Pädagoge nimmt sich dabei zurück, wenngleich er aktiv zuhört um bei Bedarf zusammenfassend und nachfragend einzugreifen.

Dennoch bleibt die Frage offen, „ob wir Modifikationen selbst (willentlich) steuern können".[183] Fakt ist, dass es Veränderungen gibt, wenngleich sich nicht eindeutig klären lässt, welche Funktion der Reflektion in diesem Prozess zukommt. Dennoch lässt sich sagen:

> *„Wir betrachten in der Reflexion rückwirkend Dinge, die beobachtbar sind oder waren. Anschließend prüfen wir gemeinsam, wie das, was wir beobachtet haben, gedeutet werden kann."*[184]

„Reflexion findet immer statt", behauptet Rutkowski[185], egal „ob verbal oder nonverbal, zielgerichtet oder nicht – sofern es nicht bewusst verdrängt wird." Somit geschieht nichts im nicht reflektierten Raum. Es bleibt aber die Frage, wie intensiv und wie fokussiert Reflexion stattfindet. Hier kann ein Anstoß von außen zur besseren Verarbeitung, Fokussierung, Strukturierung und Verarbeitung beitragen. Die Möglichkeit erlebte Situationen nach außen zu tragen ist ein potentieller Raum der Reflexion. Rutkowski spricht hierbei von einem „Akt der Externalisierung". Dabei geht es nicht in erster Linie darum, Emotionen zu rationalisieren, sondern gerade auch darum, das Erlebnis im „Bauch" zu belassen.

Reflexion muss nicht nach einem bestimmten Schema ablaufen, damit Dinge verarbeitet werden können. Es geht vielmehr darum, dass es „einen Raum zu einer wie auch immer gearteten Form der Verarbeitung geben muss. Dies bedeutet die Offenheit für Reflexionsräume jenseits verbaler Reflexion."[186] Diese Reflexionsräume sollen die Möglichkeit eröffnen, über sich selbst und das, was einen selbst ausmacht (innere Strukturen und Verhaltensmuster, Prozesse, Persönlichkeitsmerkmale) zu Erkenntnissen zu gelangen und die Erlebnisse und die dabei gemachten Erfahrungen zu verarbeiten und zu verwerten.[187] Dabei ist nicht festgelegt, ob diese Verarbeitung in einer bewusst herbeigeführten Reflexion oder in einem zwanglosen, spontanen Gespräch besteht.[188]

2. Reflexion und Gruppenphase

Die jeweilige Gruppenphase, in der sich die Gruppe befindet, ist ein wichtiges Kriterium, das in der Reflexion beachtet werden sollte.

Reflexion in der Orientierungsphase

In der Orientierungsphase ist die Vertrautheit in der Gruppe noch nicht sehr groß, so dass auch in der Reflexion selten der Mut bei den Teilnehmern vorhanden ist, über eigene (tiefergehende) Gefühle zu reden. Meist sind Reflexionen in dieser Phase eher oberflächlich, weil sich die Teilnehmer noch bedeckt halten. Das ist insbesondere an Verallgemeinerungen und „Man-Sätzen" zu bemerken. Dennoch sollte die Gruppe mit einfachen Reflexionsübungen, die sie nicht überfordern, an die Reflexion herangeführt werden.

Reflexion in der Nahkampfphase

In der Nahkampfphase (oder Konfliktphase) geht es nicht vorrangig um Konflikte[189], sondern darum, dass sich einzelne Teilnehmer positionieren, Gefühle zeigen, Meinungen und Standpunkte offenlegen und Grenzen ziehen. Meist sind dies Prozesse mit Dynamik, im Optimalfall auch mit emotionaler Dichte.[190] Ausführliche und klar strukturierte Reflexionen, bei denen auch die unangenehmen Dinge auf den Tisch kommen, sind hier angebracht, weil das eigentliche Wachsen und Vorwärtskommen der Gruppe nicht in der Aktion, sondern meist in der Reflexion geschieht. Bleibt die Reflexion bei Oberflächlichkeiten stehen, wird die Gruppe nicht vorwärtskommen.

Reflexion in der Vertrautheitsphase

In der Vertrautheitsphase ist die Gruppe offen und tragfähig, so dass die einzelnen Teilnehmer sich auch trauen, über ihre Gefühle und Ängste zu reden. Der Fokus verschiebt sich mehr auf die individuellen Prozesse und weniger auf die Teamprozesse. Dem soll die Auswahl der Übungen und auch der Reflexionsmethoden Rechnung tragen. Rutkowski[191] betont deshalb, dass sie in dieser Phase vermehrt Übungen machen, die auf der individuellen Ebene wirken, da die Teilnehmer diese Dinge auch jetzt an sich ranlassen, was in den vorangegangenen Phasen nicht unbedingt so der Fall ist. Der Einzelne soll hier die Möglichkeit haben sein Innerstes auszudrücken und „zu merken, dass er gehört und verstanden wird“.[192]

Reflexion in der Differenzierungsphase

In der Differenzierungsphase konzentrieren sich die Reflexionen wieder mehr auf die Sachebene und dienen der Klärungen von Sachverhalten und „in Einzelfällen der Verarbeitung ganz persönlicher, emotionaler Erfahrungen, die aber nicht immer für die Gruppe bestimmt sind“.[193]

Reflexion in der Abschiedsphase

In der Abschiedsphase ist die Dynamik eher gering. Es werden auch keine Übungen mehr gemacht, die Konflikte hervorrufen könnten. Jeder soll sich noch einmal äußern können und es sollte viel Zeit für offene, wenig strukturierte Methoden verwendet werden, damit sich die Teilnehmer über Vergangenes und Zukünftiges austauschen können.[194]

3. Verschiedene Ebenen der Reflexion

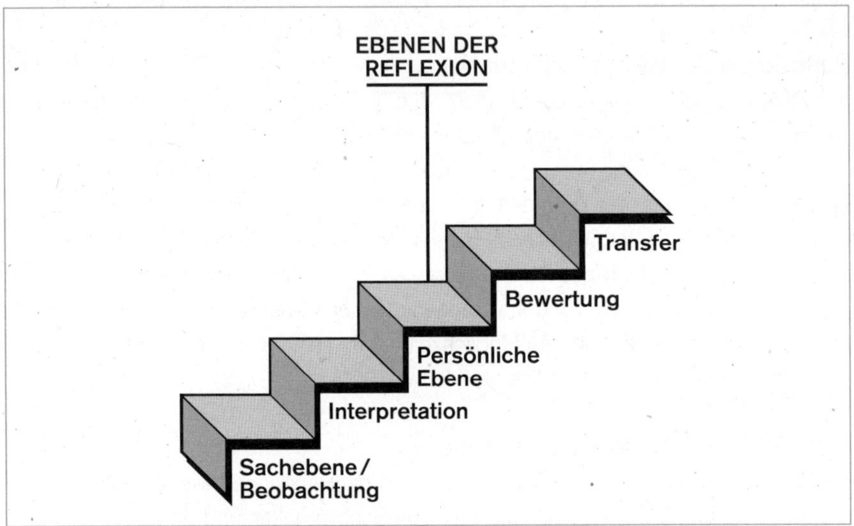

Grafik 17: Verschiedene Ebenen der Reflexion

In der Reflexion werden durch zielorientierte Reflexionsfragen[195] rückwirkend Dinge und Ereignisse, die beobachtbar waren, zunächst einmal beschrieben[196] (Ebene 1). Danach können die beobachteten und beschriebenen Ereignisse interpretiert werden (Ebene 2), bevor es auf die persönliche Ebene geht (Ebene 3) und anschließend persönlich Stellung genommen werden soll (Ebene 4). Ein Transfer in den Alltag (und den Bereich des Spirituellen) verdeutlicht die Tragweite und die Bedeutung des Erlebten (Ebene 5).[197]

Ebene 1 – Sachebene oder Beobachtung
Diese Ebene verhilft zu einem leichten Einstieg in die Reflexion, bei der sich alle Teilnehmer beteiligen können. Die Gruppe kommt dadurch in die Diskussion, in dem jeder seine gemachten Beobachtungen schildern darf und diese mit den Beobachtungen der anderen Teilnehmer abgleicht. Die Beobachtungen dürfen sich auf das Verhalten von Einzelnen, aber auch auf das Gruppenverhalten insgesamt beziehen. Wichtig dabei ist nur, dass es sich um Beschreibungen, um Fakten und Eindrücke handelt.

Ebene 2 – Verallgemeinerung (Interpretation)
Auf Ebene 2 schließt sich die Interpretation an. Einzelne Teilnehmer dürfen nun ihre Beobachtungen interpretieren, zu Beurteilungen kommen, Hypothesen aufstellen oder Zusammenhänge aus ihrer Sicht beurteilen.

Ebene 3: Persönliche Ebene
In dieser Ebene geht es um Fragen des sozialen Lernens, insbesondere um Entscheidungsfindungen in der Gruppe, um Teamarbeit, Ausgrenzung, Rollen, etc.

Ebene 4 – Bewertung
Auf dieser Ebene werden die Teilnehmer zu einer persönlichen Stellungnahme, zum Artikulieren von eigenen Meinungen und Gefühlen aufgefordert. Sie sollen damit Verantwortung für ihr Verhalten in der Gruppe übernehmen.

> *„Die Bewertung verhindert, dass Erlebnisse bloß konsumiert und unkritisch übernommen werden. Sie spiegelt den eigenen Werthorizont wider, vor dem das Individuum handelt und entscheidet.“* [198]

Ebene 5 – Transfer

„Eine gute Auswertung stellt einen Zusammenhang mit der Realität und den Alltagserfahrungen des Einzelnen her. Das vermittelt dem Beteiligten die Bedeutung und Tragweite des Gelernten. Im Transfer geht es deshalb um den Bezug zum Alltag"[199] und, wo gewollt, um den Bereich des Spirituellen. Wenn die Zeit fehlt um eine Auswertung oder einen Transfer vorzunehmen, ist der Wert der Erfahrung sehr viel geringer.

> *„Eine Reflexionsrunde ohne Transfer bleibt auf halbem Weg stehen. Das Verknüpfen der Erfahrungen mit dem Alltagsleben (und dem Bereich des Spirituellen) und die daraus resultierende Neuformulierung von Zielen bietet die bestmöglichste Grundlage für längerfristige Erfolge.*
>
> *Aufgrund der eigenständigen Bewertung des Erlebnisses sind die Teilnehmer gefordert selbst zu entscheiden: Verhalte ich mich weiterhin nach dem alten Muster oder nehme ich die Herausforderung einer neuen Rolle an?"*[200]

4. Praktische Hilfen für die Reflexionsarbeit

Die Rolle und Haltung des Pädagogen in der Reflexion

Zu Beginn und am Ende der Reflexion zieht der Pädagoge die Aufmerksamkeit auf sich, um einen klaren Anfang und ein klares Ende zu setzen. Er achtet auf gute Rahmenbedingungen. Dazu gehört u. a. dass die Grundbedürfnisse der Teilnehmer gestillt sind. Nach einer anstrengenden Übung brauchen die Teilnehmer eventuell zuerst etwas zu trinken, damit sie sich auf eine Reflexion einlassen können. Außerdem sorgt der Pädagoge für eine offene Gesprächsrunde. Durch seinen Umgang und seine Interventionen sorgt der Moderator für eine Atmosphäre der Sicherheit und des Vertrauens und regt dadurch die Teilnehmer an, sich selbst zu öffnen.

Die Aufgabe des Pädagogen besteht nicht darin, den Teilnehmer mit einem Spiegelbild zu konfrontieren im Sinn von „Ich zeig dir, wie du wirklich bist“, sondern ihm ein „Werkzeug“ anzubieten, damit er „die Möglichkeit hat, sich zu betrachten“.[201]

> *„Die persönliche Art und die Einstellung eines Trainers sind wesentliche Einflussfaktoren auf den Verlauf der Reflexion. Daher muss ein Trainer sehr selbstreflektiert sein, um zu wissen, in welcher Form und in welche Richtung seine Persönlichkeit die Reflexion beeinflusst.“*[202]

Eine positive Grundhaltung des Pädagogen, der Defizite und die Differenz zwischen Ist-Zustand und dem erwünschten Verhalten nicht verschweigt, ist von grundlegender Bedeutung für den Verlauf einer konstruktiven Reflexion. Um beide Aspekte – Stärken und Defizite – zu bearbeiten, dabei aber eine positive Grundhaltung zu bewahren und zu leben, ist die Arbeit mit Reflexionsmethoden wie der Skalentechnik oder der „Wunderfrage“ („Wenn du morgen früh aufwachst und alles ganz toll wäre, woran würdest du es merken und feststellen?“) hilfreich. Der Pädagoge setzt in der Reflexionsphase Akzente in Form von Fragen, durch aktives Zuhören, mit einer Präsenz mit allen Sinnen und versucht zwischen den Zeilen zu hören. Jeder darf sich äußern, keiner wird ausgeschlossen. Der Pädagoge sorgt dafür, dass Gesprächs- und Feedbackregeln eingehalten werden und bringt sich selbst nicht zu dominant in die Runde ein. Dabei kann sein Angebot neutral und diskret sein, indem er sich mit seiner Meinung ganz im Hintergrund hält oder aber persönlich, was mehr Risiken birgt, indem er sich dezent mit in die Betrachtung und Interpretation des Teilnehmers einmischt. Beide Vorgehensweisen haben ihre Berechtigung. Wichtig ist bei beiden, dass es in einer für den Teilnehmer förderlichen, dienenden Weise geschieht.[203]

Ort und Zeitpunkt der Reflexion

Eine Reflexion muss nicht immer erst nach der Übung stattfinden. Es kann auch durchaus effektiv und hilfreich sein, in der Aktion zu intervenieren, die Situation einzufrieren und eine Reflexionsrunde zu integrieren.[204] Die einzelnen Ablaufphasen (Aktionsphase und Reflexionsphase) müssen nicht strikt voneinander getrennt werden und müssen nicht zwangsläufig hintereinander ablaufen.[205] Es ist aber gut, wenn die Reflexion zeitnah zur Aktion und außerdem am Ort des Geschehens oder wenigstens in unmittelbarer Nähe mit Blickkontakt zum Ort der Aktion stattfindet. Damit bleibt das Erlebte präsenter und greifbarer, weil der Ort mit dem Geschehen verknüpft ist.[206]

Zielrichtung

Die Auswahl geeigneter Methoden ist abhängig von der Zielrichtung, die mit der Reflexion verfolgt wird. Wenn es um die Reflexion eines persönlichen Einzelerlebnisses geht (z. B. Solotag, Hochseil), dann soll nicht über die Deutung diskutiert werden, sondern die Aussage des jeweiligen Teilnehmers wahrgenommen und stehengelassen werden. Deshalb sollte keine Methode, die Diskussionen anregt, gewählt werden.

Handelt es sich aber um eine Teamaufgabe, wo unterschiedliche Personen miteinander etwas erlebt haben, wo es darum geht, den anderen besser zu verstehen und das Teamverhalten und die Teamarbeit zu verbessern, bedarf es einer Methode, die eine Diskussion anregt.[207]

Das Reflexions-Parameter-Modell von Rutkowski

Rutkowski stellt in seinem Buch „Der Blick in den See“ ein Modell mit zwei Parametern vor: „Dynamik“ und „emotionale Dichte“.[208] Diese beiden Komponenten helfen bei der Bestimmung, welche Art von Fragen gestellt und welche Art von Methoden angewandt werden sollen.

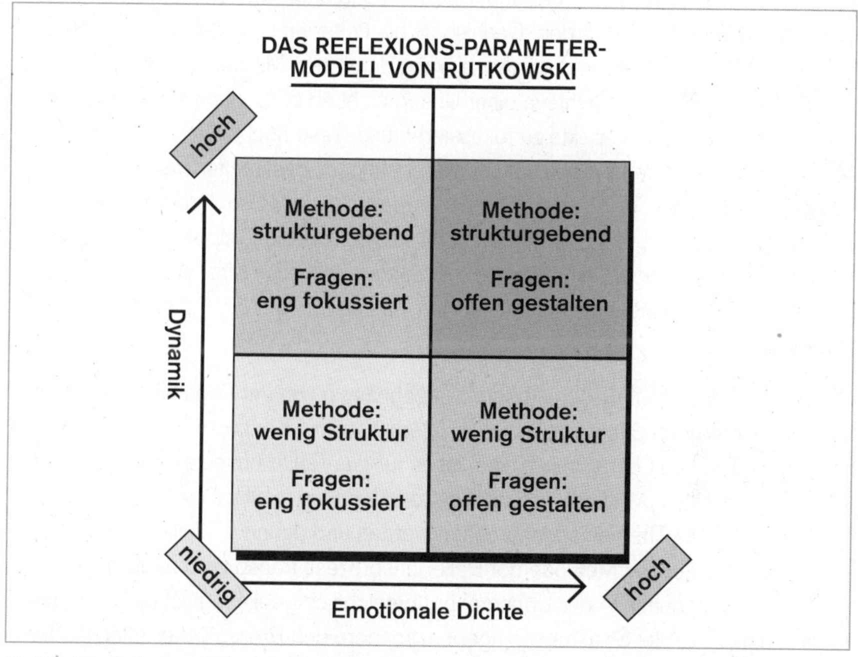

Grafik 18: Reflexions-Parameter-Modell

Ob die Fragen eine enge oder offene Fokussierung haben ist abhängig von der emotionalen Dichte in der Übung. Ist diese hoch, dann muss in der Reflexion die Möglichkeit gegeben werden, all das loszuwerden, was sich an Emotionen angestaut hat. Deshalb ist es sinnvoll, hier weite Fragen zu stellen. Eng fokussierende Fragen stehen hier in der Gefahr, dass die Beobachtung des Moderators durch die Frage, die er stellt, zu viel an Gewicht bekommt und andere Themen, die vorhanden sind, dadurch verdrängt werden. Deshalb ist bei hoher emotionaler Dichte in einer Übung die Zurückhaltung in der Fokussierung durch den Moderator gefragt.[209] Ist dagegen die emotionale Dichte in einer Übung nicht so groß, dann kann es sinnvoll sein, sich auf einzelne Aspekte zu fokussieren und diese nochmals herauszustellen. Mit eng fokussierenden Fragen soll entweder ein ganz bestimmter Punkt bzw. die Wahrnehmung eines Teilnehmers herausgearbeitet[210] oder Besonderheiten aufgegriffen werden, die dem Moderator aufgefallen sind, die die Gruppe aber innerhalb des Prozesses gar nicht bemerkt hat.[211] Außerdem verhelfen eng fokussierte Fragen, dass wichtige Einzelaspekte nicht unter den Tisch fallen und die Reflexion zu einer „Laberrunde“ wird.

Die ausgewählten Reflexionsmethoden sind abhängig von der Dynamik in der Übung. In unübersichtlichen Situationen, bei viel Interaktion, viel Kontakt und Diskussion und wenn viele Themen offensichtlich sind, ist es für das Reflexionsgespräch sinnvoll, eine strukturierende Methode vorzugeben, die Ordnung in all die vielen Dinge bringt. Damit können alle Themen angesprochen werden und dennoch bleibt durch die vorgegebene Struktur der Methode der Reflexionsprozess transparent und zielgerichtet. Ist das Geschehen in der Übung eher übersichtlich geblieben, ist es gut in der Reflexion nicht zu viel Struktur vorzugeben, sondern den Prozess eher offen laufen zu lassen.[212]

Kurz zusammengefasst sind für das Modell folgende Kriterien handlungsleitend:

- Wenig Dynamik und wenig emotionale Dichte: Wenn beide Kriterien niedrig sind, sollten die Fragen eng fokussierend und nicht weitschweifig sein, um auf einen Punkt zu kommen. Andererseits sollte die Methode wenig Struktur vorgeben, um möglichst viele Aspekte zuzulassen. Wenn beide Faktoren niedrig sind, wird eine Reflexion meist keine großen Ergebnisse hervorbringen.
- Wenig Dynamik und viel emotionale Dichte: Wegen der emotionalen Dichte sind offene Fragen angebracht, um das „herauszulassen", was bei den Teilnehmern vorhanden ist. Wegen der geringen Dynamik bedarf es keiner großen Strukturierung, da die Gefahr der Ausuferung nicht vorhanden ist.
- Viel Dynamik und wenig emotionale Dichte: Wegen der geringen emotionalen Dichte sollten die Fragen eng fokussiert sein, wegen der hohen Dynamik sollte eine strukturierende Methode gewählt werden.
- Viel Dynamik und viel emotionale Dichte: Wenn beide Faktoren hoch sind, dann bedarf es wegen der emotionalen Dichte einer offenen und weiten Fragestellung, wegen der hohen Dynamik aber eine stark strukturierende Methode.

Kriterien für Feedback

Wird persönliches Feedback gegeben, sollten die Rückmeldungen sparsam und in Anlehnung an die Kriterien der themenzentrierten Interaktion[213] gegeben werden.

Vier Kriterien dienen dabei als Orientierungshilfe:

1. Subjektivität

Rückmeldungen beruhen grundsätzlich auf subjektiven Wahrnehmungen und sollten daher immer auch als persönliche Aussagen zu erkennen sein.

2. Situationsbezogenheit

Rückmeldungen gehen immer auf Beobachtungen in konkreten Situationen zurück und dieser Situationsbezug sollte für den Empfänger auch erkenntlich sein.

3. Brauchbarkeit

Rückmeldungen sind nur dann nützlich, wenn aus ihnen konstruktive Veränderungen ableitbar sind. Auch in einer kritischen Rückmeldung sollte daher immer ein konstruktiver nach vorne gerichteter Impuls zum Ausdruck kommen.

4. Erwünschtheit

Rückmeldungen sind nur dann sinnvoll, wenn sie auch aufgenommen werden können. Vor jeder Äußerung sollte man sich also über die Offenheit des Empfängers oder der Empfängerin rückversichern.

5. Fallen in der Reflexionsarbeit

Je nach Persönlichkeitstyp des Pädagogen treten in der Praxis unterschiedliche Fehler in der Reflexionsarbeit zutage. Friebe beschreibt neun häufig auftretende Fehler, benennt die jeweilige Klippe und zeigt Möglichkeiten des Umschiffens auf.[214]

Im Folgenden werden diese Fallstricke und ihre Umschiffung kurz skizziert:

- Die Falle des „festen Drehbuchs"
  Klippe: Der Pädagoge zieht das, was er in der Vorbereitung als wichtig erachtet hat, durch, nimmt die Anliegen der Teilnehmer nicht wahr oder erachtet sie nicht für wichtig. Durch diesen eingeengten Wahrnehmungsfokus wird der Reflexionsprozess verzerrt. Die Ergebnisse bilden nur das ab, was der Pädagoge in seinem Tunnelblick wahrnimmt.
  Umschiffung: Während des Trainings soll der Pädagoge immer wieder innehalten und überprüfen – auch durch Befragen der Teilnehmer – was die wichtigen Themen sind. Genaues Zuhören und Empathie spielen dabei eine große Rolle, dass der Pädagoge wahrnehmen kann, was gesagt, aber auch was nicht gesagt wurde. Wenn er dabei feststellt, dass die Maßnahme in eine andere Richtung als die geplante läuft, dann sollte er auch den Mut haben und so flexibel sein, seinen Plan über Bord zu werfen.

- Die Falle der „Wiederholung derselben Reflexion"
  Klippe: Der Pädagoge stellt nach den Übungen immer dieselben Fragen. Dies führt bei den Teilnehmer zu Langeweile, sie empfingen das Training als sinnlos und hinterfragen die Kompetenz des Pädagogen. Außerdem werden angesprochene Themen durch immer dieselben Fragen nicht vertieft, sondern bleiben an der Oberfläche.
  Umschiffung: Der Pädagoge nutzt ein Modell der Vertiefung von Themen[215] und macht sein Vorgehen den Teilnehmern gegenüber transparent, dass sie nachvollziehen können, was der Pädagoge macht.

- Die Falle der „Strukturlosigkeit"
  Klippe: Bei zu viel Flexibilität und Eingehen auf die aktuelle Situation besteht die Gefahr, dass der Pädagoge keinen verlässlichen Rahmen mehr vorgibt, nicht mehr konsequent moderiert und alles zu einem „Brei" wird. Strukturiert veranlagte Teilnehmer verlieren dann schnell die Motivation, weil alles verworren und unkonkret bleibt.
  Umschiffung: Eine schriftliche und strukturierte Planung der Reflexion hilft insbesondere flexiblen und eher unstrukturierten Pädagogen nicht nur für sich selbst, sondern auch für die Teilnehmer erkennbar eine Struktur zu visualisieren und zielorientiert zu arbeiten.

- Die Falle „Spaßige Aktionen statt mühsame Reflexionen"
  Klippe: Die Gefahr besteht hier darin, dass eventuell mühsame Reflexionen abgebrochen oder zu früh beendet und dabei die eigentlichen Themen vernachlässigt werden, um schnell zur nächsten Übung zu gehen. Dabei bleibt alles an der Oberfläche und langfristige Veränderungen werden nicht erreicht.

Umschiffung: Der Pädagoge fragt die Teilnehmer, ob sie ihrer Meinung nach am Kern des Themas angekommen sind. Ist dies der Fall, so soll dieser Kernsatz schriftlich festgehalten werden. Ist dies nicht der Fall, muss weiter an diesem Kernsatz gearbeitet werden.

- Die Falle „Missachtung der Teilnehmerbedürfnisse"
  Klippe: Besonders bei einem eher sachorientierten Pädagogen besteht die Gefahr, dass er sich analytisch-rational an einem Thema festbeißt. Er will dies immer weiter und tiefer bearbeiten, hat dabei aber die Bedürfnisse der Teilnehmer nicht mehr im Blick und ist zu unsensibel, um zu bemerken, dass das Thema evtl. emotional zu aufwühlend für die Teilnehmer ist.
  Umschiffung: Der Pädagoge befragt die Teilnehmerbedürfnisse mittels Skalierungsfragen ab und kann daran die Bedürfnisse der Teilnehmer erkennen und darauf entsprechend reagieren.

- Die Falle „Tolerieren von schweigenden Teilnehmern"
  Klippe: Die „eher Stillen im Lande" halten sich in der Reflexion – wie auch im Alltag – eher zurück, schlucken evtl. alles hinunter, bis das Fass irgendwann mal (unkontrolliert) überläuft. Für die Sicherung der Trainingsziele ist es aber erforderlich, dass sich alle mit den Trainingsinhalten auseinandersetzen.
  Umschiffung: Nonverbale, gleichzeitig ablaufende Reflexionsmethoden eröffnen die Chance, dass auch die „Stillen im Lande" „zu Wort kommen", gehört werden und sich einbringen können.

- Die Falle „Wiederholung der Meinung der Vorredner"
Klippe: Manchmal passiert es, dass Aussagen der Vorredner unreflektiert übernommen, wiederholt oder bestätigt werden. Einzelmeinungen gehen deshalb unter und es entsteht ein „Gemisch" hinter das sich jeder zurückziehen kann.
Umschiffung: Wenn Wiederholungen nicht gewollt sind (sie könnten ja auch einen wirklich zentralen Punkt hervorheben), dann bieten sich Kleingruppenreflexionen, die anschließend im Plenum vorgetragen werden oder schriftliche oder Skalierungsmethoden an.

- Die Falle „Blockierende Teilnehmer"
Klippe: Teilnehmer äußern sich nicht und der Pädagoge fragt sich, ob ein Boykott, Unsicherheit, Überforderung o.a. dahintersteckt. Es gibt auch Gruppen, die „mauern" und durch Schweigen dicht machen.
Umschiffung: Der Pädagoge greift die möglichen Gründe auf (Boykott, Unsicherheit, etc.), indem er evtl. in die Teilnehmerrolle schlüpft und diese Gedanken artikuliert. Je nach Reaktion der Teilnehmer können dann weitere Schritte überlegt werden.

- Die Falle „Angst vor dem Knackpunkt"
Klippe: Insbesondere von ihrem Persönlichkeitstyp her sehr personenorientierte Pädagogen wollen niemandem wehtun. Deshalb stehen sie insbesondere in der Gefahr, dass sie Knackpunkte nicht ansprechen, sondern umgehen. So werden Konfrontationen vermieden und die „wirklichen" Problempunkte umgangen. Dadurch bewegt sich aber auch nichts in der Gruppe.
Umschiffung: Zunächst gilt, dass ein Pädagoge die Teilnehmer nur so weit führen darf, wie er in der Lage ist, den Prozess noch zu kontrollieren. Durch eine offen dargelegte Vorgehensweise kann der Pädagoge zeigen, dass nach dem „Gang in die Tiefe" auch wieder eine „Emporhebung" stattfindet.

Sicherheit – Standards und Maßnahmen

Sicherheit – Standards und Maßnahmen

Auch wenn absolute Sicherheit nicht möglich und ein gewisses Restrisiko immer vorhanden ist[216], so ist es dennoch erforderlich, einen möglichst hohen Sicherheitsstandard zu erreichen. Heckmair und Michl[217] weisen darauf hin, dass dieses Thema bei Erlebnispädagogen oftmals nicht so sehr im Blickfeld ist, als es eigentlich sein müsste.[218] Sollte damit eine Branche nicht in Verruf kommen, sollten objektive und auch subjektive Gefahren durch sicherheitstechnische Vorkehrungen und eine professionelle Ausbildung der Erlebnispädagogen möglichst vermieden werden.

1. Sicherheitsstandards

Nicht nur im Bereich der Natursportarten muss auf Sicherheitsstandards (DIN-Normen, CE-Zertifikaten, DAV- oder DLRG-Richtlinien etc.) geachtet werden, sondern auch im Bereich der Kooperativen Abenteuerspiele gilt der Grundsatz: Safety first. Hier sollte der Erlebnispädagoge die für seinen Bereich aktuellen Standards („State of Art") kennen.

Unfälle passieren meist da, wo man sich zu sicher fühlt. Gewiss sollen die Übungen Spaß machen und für die Teilnehmer eine Herausforderung sein, aber der Sicherheitsaspekt hat immer Vorrang. Es gibt zwar keine 100 %ige Sicherheit, aber es muss sich immer um ein kalkulierbares Risiko handeln. Dabei ist zwischen subjektivem und objektivem Risiko zu unterscheiden.

Unter „subjektivem Risiko“ wird das von dem Teilnehmer wahrgenommene Risiko der Aktion verstanden.

Unter „objektivem Risiko“ wird das vom Erlebnispädagogen wahrgenommene Risiko einer Aktion verstanden.

Um Teilnehmer herauszufordern, zu motivieren und konzentriert bei der Aktion zu halten ist ein subjektiv wahrgenommenes Risiko nötig. Dies hat aber zur Folge, dass das objektive Risiko nicht 100 %ig ausgeschlossen werden kann.[219] Damit dieses Risiko kalkulierbar bzw. so gering wie möglich bleibt, ist es die Aufgabe des Erlebnispädagogen solche objektiven Risiken zu erkennen, zu bewerten, auszuschalten oder mit diesen Risiken zu arbeiten. Kölsch/Wagner[220] weisen darauf hin, dass Sicherheit ein vor allem durch den Trainer immer wieder herzustellender Zustand ist. Sicherheit muss aktiv hergestellt werden.

Laut Umbach[221] sind fünf Bereiche in Bezug auf Sicherheitsstandards zu beachten:

- Die technisch-instrumentelle Kompetenz des Erlebnispädagogen muss gegeben sein.
- Die Ausrüstung muss den in Fachkreisen anerkannten Standards und Kriterien genügen.
- Zu einer sorgfältigen Planung und Vorbereitung gehört die Abklärung aller sicherheitsrelevanten Fragen.
- Der Erlebnispädagoge hat die entsprechenden pädagogischen und psychologischen Fähigkeiten, um die emotionale Sicherheit des Teilnehmers zu gewährleisten.
- Die psychischen und physischen Anforderungen an den Teilnehmer sind derart gestaltet, dass er sie bewältigen kann.

Die technisch-instrumentelle Kompetenz

Die technisch-instrumentelle Kompetenz des Erlebnispädagogen in dem Bereich, in dem er die Maßnahme durchführt, ist Grundvoraussetzung für ein verantwortungsvolles Handeln.

> *„Das Qualifizierungsniveau des verantwortlichen Pädagogen oder Anleiters bemisst sich natürlich auch nach den jeweiligen Anforderungen und Schwierigkeiten einer Unternehmung."*[222]

Wenn ein Erlebnispädagoge mit seinen Teilnehmern klettern geht, dann muss er vertraut und geübt sein im Umgang mit Knoten-, Sicherungs-, und Abseiltechniken. Er muss auch wissen, was er in absturzgefährdeten Gebieten beachten muss und darf kein Novize sein, der nach ein paar ersten Erfahrungen jetzt sein Wissen als Experte an andere weitergibt.[223] Dies setzt im Normalfall voraus, dass der Erlebnispädagoge eine den Standards entsprechende Ausbildung durchlaufen, Erfahrungen in diesem Bereich gesammelt und eine Konstruktionssicherheit erworben hat. Eine technisch-instrumentelle Kompetenz umfasst den Auf- und Abbau von Übungen, die richtige Einschätzung der Sicherheitssysteme (welches ist wann am wirksamsten?), die korrekte Verwendung von Materialien, sowie das Wissen um den Zustand der Materialien und Kenntnisse in Erster Hilfe. Außerdem ist das „Vier-Augen-Prinzip"[224] eine gute Methode, Fehler zu vermeiden. Überprüft werden u.a. Knoten, Karabiner, Verschlusssysteme, Verankerungen, Untergrund und Verletzungsrisiken.

Die Ausrüstung

Die Ausrüstung muss den in Fachkreisen anerkannten Standards und Kriterien genügen. Um eine Materialsicherheit zu gewährleisten sind folgende Punkte besonders zu beachten:

- Es wird ausschließlich genormtes Material (DIN-Norm, EN-Norm oder CE-Norm) verwendet. Dabei wird unterschieden, ob das benutzte Material eine Material- oder eine Personenzulassung hat. Material, das keine Personenzulassung hat, darf dann auch nicht zur Personensicherung benutzt werden.
- Das Material muss vor jeder Maßnahme überprüft und auch regelmäßig ersetzt werden (Verschleiß). Dies ist abhängig von der Intensität des Materialeinsatzes. Es gibt dazu aber auch Richtwerte der jeweiligen Hersteller. Außerdem sollte es nach einer Maßnahme sorgfältig gereinigt und für eine neue Maßnahme gerichtet werden.
- Das ausgewählte Material muss der Maßnahme angepasst sein, um das Verletzungsrisiko so gering als möglich zu halten.[225]

Es darf kein veraltetes oder nicht mehr ganz funktionstüchtiges Material verwendet werden, sondern nur Material, das in einwandfreiem Zustand ist.[226] Bei der Beurteilung von Unfällen werden Sachverständige darauf sehen, ob es sich um genormtes und intaktes Material handelt oder nicht.[227]

Ein weiterer Faktor im Bereich der Materialsicherheit ist die Redundanz.

Redundanz (lat.: „redundare" – im Überfluss vorhanden sein) bezeichnet den „Zustand von Überschneidung oder Überfluss" (Lang/Rehm 2010:98). Redundanz bedeutet zunächst einmal eine doppelte Auslegung der Systeme, die voneinander unabhängig sind.

Besonders bei Seilaufbauten wird die Sicherheit dadurch erhöht („Übersicherung"), indem entweder Material überdimensioniert oder mehrfach in Anwendung gebracht wird.

Überdimensionierung kommt insbesondere im Seilbereich vor, wo ein Sicherungsseil mindestens das Dreifache dessen halten muss, was im schlimmsten Fall passieren kann, bevor es bricht.

In der Praxis wird z. B. statt eines Karabiners ein zweiter mit dazu verwendet, dass im Falle eines Ausfalls des ersten der zweite noch greifen würde. Bei einem Seilaufbau ist dabei z. B. darauf zu achten, dass alle wichtigen Teile redundant verarbeitet werden. Es reicht nicht, am Anschlagpunkt zwei Karabiner oder zwei Rundschlingen zu verwenden und dann von einem redundanten Aufbau zu reden.

Diese Vorgehensweise soll Materialversagen (z. B. Brechen eines Karabiners), Funktionsversagen (z. B. ungewolltes Aushängen eines Karabiners) oder – außerhalb des Bereichs der Materialsicherheit – menschlichem Versagen (z. B. Aushängen des falschen Karabiners) vorbeugen.

Von diesen Bereichen ausgehend lassen sich folgende Forderungen nach Redundanz ableiten:

- Materialredundanz (der Bruch eines Karabiners wird durch einen zweiten Karabiner abgesichert)
- Funktionsredundanz (das ungewollt selbständige Aushängen eines Karabiners wird durch einen doppelt abgesicherten Verschluss (Safelock-Karabiner) oder durch einen zweiten gegengleich eingehängten Karabiner verhindert)
- Selbst- und Fremdkontrolle von Handlungen (Vier-Augen-Prinzip)

Sorgfältige Planung und Vorbereitung

Zu einer guten Vorbereitung gehört, dass alle möglichen Risiken mit bedacht und überlegt werden.[228] Eine Überprüfung der Ausrüstung und des Geländes und ggf. des Wetters gehört hier ebenfalls dazu wie eine gründliche Einweisung und wo nötig eine „Trockenübung" der Teilnehmer, eine geeignete Kleidung der Teilnehmer und ein bereitgestellter funktionstüchtiger Erste-Hilfe-Koffer. Ein Manual, in dem die wichtigsten Dinge und Sicherheitsstandards vor Beginn einer Maßnahme festgelegt sind, schafft zum einen Verlässlichkeit und Transparenz nach außen, hilft aber auch zum andern nach innen zu einer gründlichen Vorbereitung und Planung und zur Entwicklung einer Sicherheitskultur.

> *„Manuale, die möglichst detailliert Materialien, Verantwortlichkeiten und Vorgehensweisen beschreiben, helfen eine ‚Sicherheitskultur' zu entwickeln und – sowohl nach innen als auch nach außen – Verlässlichkeit und Transparenz zu schaffen."*[229]

Auch wenn dies mit Arbeit im Vorfeld verbunden ist, ist sie für den (hoffentlich nicht eintretenden) Notfall auch im Falle eines juristischen Nachspiels von enormer Hilfe. Wer als Veranstalter zeigen kann, dass er Sicherheitsstandards berücksichtigt hat, wird zunächst einmal als „zuverlässig und verantwortungsbewusst" eingestuft. Der Geschädigte muss in diesem Fall den Beweis erbringen, dass der Veranstalter seiner Sorgfaltspflicht nicht nachgekommen ist.[230]

Pädagogische und psychologische Fähigkeiten des Erlebnispädagogen

Erlebnispädagogische Maßnahmen sind oftmals emotional herausfordernd[231] und das nicht nur, wenn ein Teilnehmer an der Klippe steht und sich nun abseilen (lassen) soll. Deshalb muss ein Erlebnispädagoge die entsprechenden pädagogischen und psychologischen Fähigkeiten besitzen, um in der Lage zu sein, die emotionale Sicherheit des (einzelnen!) Teilnehmers zu gewährleisten.

Dies setzt voraus, dass er selbst für sich emotional sicher sein muss, in dem was er tut. Ohne diese Voraussetzung ist eine Maßnahme schwerlich durchzuführen. Um die emotionale Stabilität der Teilnehmer einschätzen zu können, ist es wichtig, dass der Erlebnispädagoge die Teilnehmer an schwierigere und herausfordernde Aufgaben heranführt und so im Vorfeld sehen kann, wie sich die Teilnehmer in diesen Aufgaben verhalten.[232] Durch solch eine Vorgehensweise gewinnt der Teilnehmer einen „Kompetenzzuwachs", der ihm hilft auch schwierigere Aufgaben (emotional und physisch) anzugehen und zu bewältigen. Diese Vorgehensweise kann dem Erlebnispädagogen aber auch deutlich machen, dass er eine schwierigere Aufgabe mit dieser Gruppe nicht machen kann. Hier gilt es im Blick auf die Sicherheit und die Kompetenz der Gruppe zu entscheiden und nicht um des Kicks willen. Um die Sicherheit der Teilnehmer gewährleisten zu können, sollte die von einem einzigen Verantwortlichen geleitete Gruppe nicht zu groß sein. Lang/Rehm[233] schlagen vor, dass es max. 17 Personen sein sollen, die von einem Pädagogen (mit Erfahrung) allein geleitet werden sollen. Ist die Gruppe größer, sollte ein zweiter Trainer oder wenigstens eine Begleitperson zur Verfügung stehen, um auf die Sicherheit und die Bedürfnisse der Gruppe zu achten. Diese Maximalzahl ist m. E. allerhöchstens nur dann möglich, wenn es sich z. B. um Übungen im Bereich der Kooperativen Abenteuerspiele handelt. Sobald es sich um den Bereich der Natursportarten (z. B. Klettern, Hochseilgarten, Kanu, Bogenschießen) handelt, sollte das Verhältnis Pädagoge/Teilnehmer bedeutend ausgeglichener sein.

Neben der emotionalen muss auch die soziale Sicherheit im Blickfeld des Erlebnispädagogen bleiben. Durch Akzeptanz und Empathie, gegenseitige Achtung und Wertschätzung, aber auch durch Spaß und Humor trägt der Erlebnispädagoge zu einer Atmosphäre der Sicherheit und des Vertrauens bei. Er holt bei der Gruppe das Einverständnis zur Einhaltung festgelegter (Sicherheits-)Regeln ein (Full Value Contract) und achtet auf ihre Einhaltung. Alle wichtigen Themen werden offen und ehrlich angesprochen, wobei der Einzelne dafür verantwortlich ist, dass seine Gedanken und Sorgen zu Wort kommen.

Die Gruppe darf auf den Einzelnen keinen zu großen Druck aufbauen, sondern muss dem Einzelnen innerhalb der Gruppe Sicherheit geben und auch vermitteln. In der Praxis bedeutet dies, dass der Erlebnispädagoge keine „blöden Sätze" oder Diffamierungen, Bloßstellungen eines Einzelnen zulassen darf. Am besten ist es, wenn solche Situationen schon vor Beginn der Maßnahme unter dem Aspekt „Jeder darf, keiner muss" und „es ist völlig ok, wenn jemand sagt, dass er seine Grenze erreicht hat" thematisiert werden. Dies trägt maßgeblich zum Aufbau einer Atmosphäre des Vertrauens und der Sicherheit bei.

Gestaltung von psychischen und physischen Anforderungen

Der Erlebnispädagoge muss bei der Auswahl der Übungen darauf achten, dass die Teilnehmer zum einen natürlich nicht unterfordert, aber auf der anderen Seite auch nicht überfordert werden. Physische und psychische Anforderungen müssen so gewählt sein, dass der Teilnehmer sich herausgefordert und motiviert fühlt und dabei das Gefühl hat, dass er die Aufgabe bewältigen kann, auch wenn sie ihn vielleicht einiges an Überwindung und Energie kostet.

2. Seinen „Pflichten“ nachkommen

Bei allen Sicherheitsvorkehrungen hat der Erlebnispädagoge die Haftungsverantwortung und bei minderjährigen Teilnehmern auch die Aufsichtspflicht (§§ 832 und 823 BGB).

Die Paragrafen

- § 823

  (1) Wer vorsätzlich oder fahrlässig das Leben, den Körper, die Gesundheit, die Freiheit, das Eigentum oder ein sonstiges Recht eines anderen widerrechtlich verletzt, ist dem anderen zum Ersatz des daraus entstehenden Schadens verpflichtet.
  (2) Die gleiche Verpflichtung trifft denjenigen, welcher gegen ein den Schutz eines anderen bezweckendes Gesetz verstößt. Ist nach dem Inhalt des Gesetzes ein Verstoß gegen dieses auch ohne Verschulden möglich, so tritt die Ersatzpflicht nur im Falle des Verschuldens ein.

- § 832

  (1) Wer kraft Gesetzes zur Führung der Aufsicht über eine Person verpflichtet ist, die wegen Minderjährigkeit oder wegen ihres geistigen oder körperlichen Zustands der Beaufsichtigung bedarf, ist zum Ersatz des Schadens verpflichtet, den diese Person einem Dritten widerrechtlich zufügt. Die Ersatzpflicht tritt nicht ein, wenn er seiner Aufsichtspflicht genügt oder wenn der Schaden auch bei gehöriger Aufsichtsführung entstanden sein würde.
  (2) Die gleiche Verantwortlichkeit trifft denjenigen, welcher die Führung der Aufsicht durch Vertrag übernimmt.
  Mit anderen Worten: Die aufsichtführende Person hat dafür zu sorgen, dass die ihr zur Aufsicht anvertrauten Personen nicht zu Schaden kommen und auch anderen Personen keinen Schaden zufügen.

Die Erfüllung der Aufsichtspflicht

Nach Obermeier[234] sind zur Erfüllung der Aufsichtspflicht fünf Punkte zu beachten:

Aufsichtspflicht besteht nur gegenüber Minderjährigen, aber die Sorgfaltspflicht besteht gegenüber allen Schutzbefohlenen. (Vgl. Kölsch/Wagner 2004:45).

Informationspflicht

Der Erlebnispädagoge muss sich (im Vorfeld bzw. während der Maßnahme) über folgende Dinge informieren:

- Örtliche Bedingungen und Geländezustand
- Mögliche Gefahrenquellen
- Teilnehmer und Leistungsfähigkeit der Teilnehmer
- Zustand des Materials
- Evt. ärztliche Bescheinigungen bei gesundheitlichen Einschränkungen
- Bei Minderjährigen: Infos an Eltern und Unterschrift der Eltern
- Angaben zu Programm, Treffpunkte, Zeiten, erforderliche Kleidung, Essen und Trinken.

Pflicht zur Beseitigung von Gefahrenquellen

Der Erlebnispädagoge ist dafür verantwortlich, dass erkannte Gefahrenquellen beseitigt werden (z. B. Glasscherben, scharfe Gegenstände, verschlissenes Material) bzw. falls dies nicht möglich ist, Vorkehrungen zur Abhilfe oder Milderung/Vorbeugung zu treffen. Gefahrenquellen können auch bei einigen Übungen Schmuck sein, so dass Ohrringe, Ringe etc. abgelegt werden sollen. Auch die Themen Alkohol und Nikotin müssen angesprochen werden.

Es gehört auch zur Vorsorgepflicht, dass ein Erste-Hilfe-Koffer vorhanden ist und dass für den Notfall vorgeplant ist (Handy, Notrufnummern etc.). Für manche Übungen ist es zudem notwendig, dass die nicht direkt beteiligten Teilnehmer eine Schutz- oder Sicherungshaltung einnehmen.

Warnpflicht

Die Teilnehmer sind vorab auf mögliche Gefahren hinzuweisen bzw. bei Auftreten von Gefahr unverzüglich zu warnen. Dabei muss der Erlebnispädagoge sich durch Rückfragen versichern, dass seine Informationen auch verstanden worden sind. In diesem Zusammenhang ist es auch hilfreich, sich auf bestimmte Regeln zu einigen, z. B. dass ohne Rücksprache nicht angefangen werden darf zu klettern, dass Knoten von einer weiteren Person kontrolliert werden müssen.

Überwachungspflicht

Wie Senninger[235] richtig sagt, ist es eigentlich eine Binsenwahrheit, die in der Praxis aber nicht immer eingehalten wird. Überwachungspflicht bedeutet, dass immer (!) eine Leitungsperson anwesend sein muss und die Aktion überwacht. Je nach Größe der Gruppe oder wenn sich eine Gruppe teilen muss, wird dieser Grundsatz nicht immer eingehalten. In diesen Fällen – und meines Erachtens nicht nur da – muss ein Co-Leiter anwesend sein.

Eingriffspflicht

Beim Erkennen von Gefahrensituationen muss der Erlebnispädagoge sofort eingreifen und Abhilfe schaffen. Bei Regelverstößen verlangt die Aufsichtspflicht, dass Konsequenzen aufgezeigt und wenn nötig sanktioniert wird.

Literatur

Amesberger, Günter/Sobotka, Raimund: Outdoor-Activities: Arbeit mit Randgruppen, in: Spectrum der Sportwissenschaften, Wien 2/1991:67-108.

Arbeitskreis Erlebnispädagogik im Evangelischen Jugendwerk Württemberg (Hrsg.): Sinn gesucht, Gott erfahren. Erlebnispädagogik im christlichen Kontext, Stuttgart 2005.

Bacon, Stephen: Die Macht der Metaphern, Alling 1998 (Sandmann).

Beck, Ulrich: Risikogesellschaft. Auf dem Weg in eine andere Moderne, Frankfurt 1986.

Becker, Peter/Braun, Karl-Heinz/Schirp, Jochen (Hrsg.): Abenteuer, Erlebnisse und die Pädagogik. Kulturkritische und modernisierungstheoretische Blicke auf die Erlebnispädagogik, Opladen/Farmington Hills 2007.

Bedacht, A./Dewald, W./Michl, W./Weis, K.: Erlebnispädagogik: Mode, Methode oder mehr?, München 1992.

Bedacht, Andreas/Dewald, Wilfried/Heckmair, Bernd/Michl, Werner/Weis, Kurt (Hrsg.): Erlebnispädagogik: Mode, Methode oder mehr? Tagungsdokumentation des Forums Erlebnispädagogik 1991 München 1992 (2., unveränd. Aufl. 1994).

Blanchard, Kenneth/Zigarmi, Patricia/Zigarmi, Drea: Führungsstile, Reinbek 2002.

Blanchard, Kenneth/Oncken, William/Burrows, Hal: Der Minuten-Manager und der Klammeraffe, Hamburg 1990.

Boeger, Annette/Schutt, Thomas (Hrsg.): Erlebnispädagogik in der Schule – Methoden und Wirkungen, Berlin 2005.

Caspary, Ralf (Hrsg.): Lernen und Gehirn. Der Weg zu einer neuen Pädagogik, Freiburg 2006.

Cohn, Ruth C.: Von der Psychoanalyse zur themenzentrierten Interaktion: von der Behandlung einzelner zu einer Pädagogik für alle, Stuttgart 1976.

Csikszentmihalyi, Mihály: Das Flow-Erlebnis, Stuttgart 1993.

Dittmar, Ulrike/Dittmar, Christian: Spirituelle Wanderungen, in: Ferstl, A./Schettgen, P./Scholz, M. (Hrsg.): Der Nutzen des Nachklangs. Neue Wege der Transfersicherung bei handlungs- und erfahrungsorientiertem Lernen, Augsburg 2004.

Eberle, Thomas: Lernen im Outdoor-Training. Effekte auf Selbstkonzept und Teamkompetenz im hochschuldidaktischen Kontext (Habilitationsschrift), München 2008.

Fatke, Reinhard: Kritische Fragen der Erziehungswissenschaft an die Erlebnispädagogik, in: Herzog, Fridolin (Hrsg.): Erlebnispädagogik. Schlagwort oder Konzept, Luzern 1993:35-47.
Ferstl, A./Schettgen, P./Scholz, M. (Hrsg.): Der Nutzen des Nachklangs. Neue Wege der Transfersicherung bei handlungs- und erfahrungsorientierten Lernprojekten, Augsburg 2004.
Ferstl, Alex/Scholz, Martin/Thiesen, Christiane (Hrsg.): Wirksam lernen, weiter bilden, weiser werden. Erlebnispädagogik zwischen Pragmatismus und Persönlichkeitsbildung, Augsburg 2006.
Francis, Dave/Young, Don: Mehr Erfolg im Team, Hamburg 2006.
Friebe, Jörg: Reflexion im Training. Aspekte und Methoden der modernen Reflexionsarbeit, Bonn 2010.
Gilsdorf, Rüdiger/Kistner, Günter: Kooperative Abenteuerspiele 1. Eine Praxishilfe für Schule und Jugendarbeit, Seelze-Velber 1995.
Gilsdorf, Rüdiger/Kistner, Günter: Kooperative Abenteuerspiele 2. Praxishilfe für Schule, Jugendarbeit und Erwachsenenbildung, Seelze-Velber 2001.
Gilsdorf, Rüdiger: Von der Erlebnispädagogik zur Erlebnistherapie – Perspektiven erfahrungsorientierten Lernens auf der Grundlage systemischer und prozessdirektiver Ansätze, Bergisch Gladbach 2004.
Heckmair/Michl: Erleben und Lernen – Einstieg in die Erlebnispädagogik, 3., überarb. Aufl., Berlin 1998.
Heckmair, Bernd/Michl, Werner: Erleben und Erlernen. Einführung in die Erlebnispädagogik, 5. Aufl. München 2004, 6. Aufl. München 2008, 7., akt. Aufl. 2012.
Heekerens, Hans-Peter: Erlebnispädagogik mit schwer delinquenten Jugendlichen. Wirksamkeit fraglich, in: erleben und lernen, 6/2006:18-23.
Herrmann, Ulrich (Hrsg.): Neurodidaktik. Grundlagen und Vorschläge für gehirngerechtes Lehren und Lernen. Weinheim/Basel 2006.
Herzog, Fridolin (Hrsg.): Erlebnispädagogik. Schlagwort oder Konzept?, Luzern 1993.
Hildmann, Jule: Simple Things, in: e&l – erleben und lernen 3&4, Augsburg 2008.
Homfeldt, Hans-Günther (Hrsg.): Erlebnispädagogik. Geschichtliches, Räume und Adressat(inn)en, Erziehungswissenschaftliche Facetten, Kritisches, 2., korrig. Aufl., Hohengehren 1995.

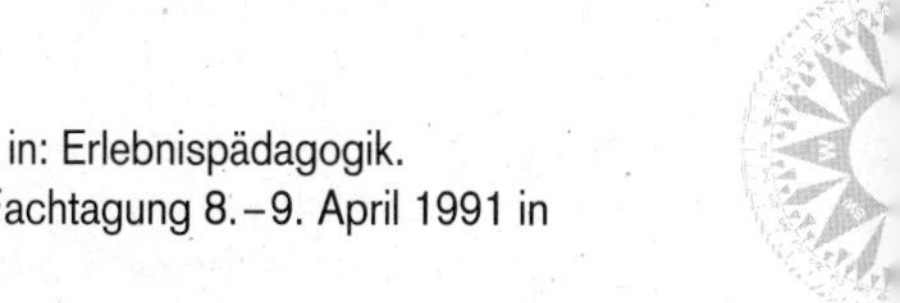

Hufenus, Hans-Peter: Weiterbildung Erlebnispädagogik, in: Erlebnispädagogik. Entwicklungen – Modelle – Kritik. Dokumentation der Fachtagung 8.–9. April 1991 in Zürich, Rüschlikon 1991:83-87.

Hufenus, Hans-Peter: Handbuch für Outdoor Guides. Theorie und Praxis der Outdoorleitung, Augsburg 2001.

Jagenlauf, Michael: Wirkungsanalyse Outward Bound – ein empirischer Beitrag zur Wirklichkeit und Wirksamkeit der erlebnispädagogischen Kursangebote von Outward Bound, in: Bedacht, Andreas/Dewald, Wilfried/Heckmair, Bernd/Michl, Werner/Weis, Kurt (Hrsg.): Erlebnispädagogik: Mode, Methode oder mehr? Tagungsdokumentation des Forums Erlebnispädagogik 1991 München 1992:95.

Klar, Stefanie: Die Erlebnispädagogik als Vermittlerin von Sozialkompetenz, Dortmund 2004.

Klawe, Willy/Bräuer, Wolfgang: Erlebnispädagogik zwischen Alltag und Alaska: Praxis und Perspektiven der Erlebnispädagogik in den Hilfen der Erziehung, Weinheim 1998.

Kluge, Friedrich: Etymologisches Wörterbuch der deutschen Sprache, Berlin 1975.

Kölsch, Hubert: Der DIN-Erlebnispädagoge, in: Paffrath F. Hartmut (Hrsg.): Zu neuen Ufern. Dokumentation des internationalen Kongresses Erleben und Lernen, Alling 1998.

Kölsch, Hubert/Wagner, Franz-Josef: Erlebnispädagogik in der Natur. Praxisbuch für Einsteiger, 2. Aufl., München 2004.

König, Stefan/König, Andrea: Outdoorteamtrainings. Von der Gruppe zum Hochleistungsteams, 2., überarb. Aufl., Augsburg 2005.

Koring, Bernhard: ErlebnisPädagogik reflexiv? Versuch über Theorie und Methode der Erlebnispädagogik, in: Vierteljahrsschrift für wissenschaftliche Pädagogik 1997:367-387.

Lakemann, Ulrich (Hrsg.): Wirkungsimpulse von Erlebnispädagogik und Outdoor-Training. Empirische Ergebnisse aus Fallstudien, Augsburg 2005.

Lang, Sabine/Rehm, Gregor: Erleben. Denken. Lernen. Arbeitsbuch Erlebnispädagogik, Marburg 2010.

Lehner, Patrick: Abenteuer- und Bewegungsspiele in Schule und Freizeit, Luzern 2003.

Martin, Andy: Holistic Education & Experimental Learning. Internationaler Kongress „erleben und lernen", Augsburg 2008. (Vortragsunterlagen).

Maturana, Humberto R./Varela, Francisco J.: Der Baum der Erkenntnis. Die biologischen Wurzeln menschlicher Erkenntnis, München 1987.

McGrath, James/Bates, Bob: Der 5-Minuten-Manager. Die wichtigsten Management-Theorien auf den Punkt, Kulmbach 2014.

Mehl, Kilian: Handeln als Prinzip des Lebendigen. Eine Studie zu Wirkimpulsen psychophysischer Exposition auf dem Hochseilgarten, in: Ferstl, Alex/Scholz, Martin/Thiesen, Christiane (Hrsg.): Wirksam lernen, weiter bilden, weiser werden. Erlebnispädagogik zwischen Pragmatismus und Persönlichkeitsbildung, Augsburg 2006:85-97.

Meier-Gantenbein, Karl F.: Ermöglichen statt erziehen. Bausteine einer erlebnispädagogischen Didaktik, Freiburg 2000.

Michl, Werner: Erlebnispädagogik, 3., akt. Aufl., München 2015.

Muff, Albin/Wünsch, Heike: Stress gezielt bewältigen. Aufgaben, Ziele und erfahrungsorientierte Methoden in der Polizeiausbildung, in: Ferstl, Alex/Scholz, Martin/Thiesen, Christiane (Hrsg.): Wirksam lernen, weiter bilden, weiser werden. Erlebnispädagogik zwischen Pragmatismus und Persönlichkeitsbildung, Augsburg 2006:203-223.

Münchmeier, Richard/Wolterdorf, Christian von: Lebensweltorientierte Jugendhilfe und Erlebnispädagogik, in: Homfeldt, Hans-Günther (Hrsg.): Erlebnispädagogik. Geschichtliches, Räume und Adressat(inn)en, Erziehungswissenschaftliche Facetten, Kritisches, 2., korr. Aufl., Hohengehren 1995:167-180.

Nadler, Reldan S./Luckner, John L.: Processing the adventure experience. Dubuque, IA 1992.

Nickolai, W./Harder, G: Qualifikation und Ausbildung von Erlebnispädagogen, in Bedacht, Andreas/Dewald, Wilfried/Heckmair, Bernd/Michl, Werner/Weis, Kurt (Hrsg.): Erlebnispädagogik: Mode, Methode oder mehr? Tagungsdokumentation des Forums Erlebnispädagogik 1991 München 1992:131-139.

Oelkers, Jürgen: Erlebnis als Erziehung oder Erziehung als Erlebnis, in Paffrath F. Hartmut (Hrsg.): Zu neuen Ufern. Dokumentation des internationalen Kongresses Erleben und Lernen, Alling 1998:16-37.

Paffrath F. Hartmut (Hrsg.): Zu neuen Ufern. Dokumentation des internationalen Kongresses Erleben und Lernen, Alling 1998.

Paffrath, F. Hartmut: Einführung in die Erlebnispädagogik, Augsburg 2013.

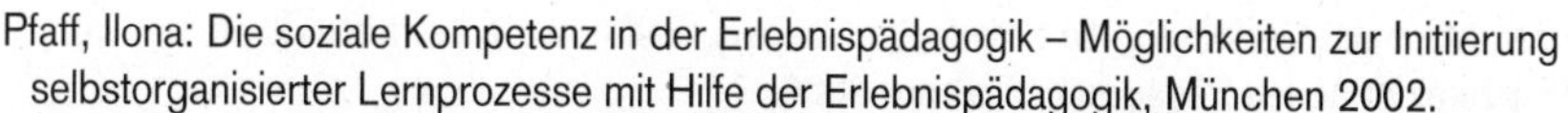

Pfaff, Ilona: Die soziale Kompetenz in der Erlebnispädagogik – Möglichkeiten zur Initiierung selbstorganisierter Lernprozesse mit Hilfe der Erlebnispädagogik, München 2002.

Plöhn, Inken: Flow-Erleben. Eine erlebnispädagogische Anleitung zum Motivationstraining für Jugendliche, Neuwied u. a. 1998.

Priest, Simon: Funneling, Frontloading and Framing, Hong Kong 1994 (unveröffentlichtes Arbeitspapier).

Priest, Simon/Gass, Michael A.: Effective Leadership in Adventure Programming, University of New Hampshire 1997.

Reiners, Annette: Erlebnis und Pädagogik. Praktische Erlebnispädagogik; Ziele, Didaktik, Methodik, Wirkungen, München 1995.

Reiners, Annette: Praktische Erlebnispädagogik. Neue Sammlung motivierender Interaktionsspiele, 7. Aufl., Augsburg 2004.

Reinhold, Gerd/Pollak, Guido/Heim, Helmut (Hrsg.): Pädagogisches Lexikon München/Wien 1999.

Rutkowski, Mart: Der Blick in den See. Reflexion in Theorie und Praxis, Augsburg 2010.

Schad, Niko: Transfer 2: Was kann und was muss im Training für den Transfer erfolgen?, in: Schad, Nico/Michl, Werner: Outdoortraining. Personal- und Organisationsentwicklung zwischen Flipchart und Bergseil, 2. Aufl., München/Basel 2004.

Schad, Nico/Michl, Werner: Outdoortraining. Personal- und Organisationsentwicklung zwischen Flipchart und Bergseil, 2. Aufl., München/Basel 2004.

Schott, Thomas: Kritik der Erlebnispädagogik, Würzburg 2003.

Schulze, Gerhard: Die Erlebnisgesellschaft. Kultursoziologie der Gegenwart, Frankfurt u. a. 1992.

Seiwert, Lothar J./Gay Friedbert: Das 1x1 der Persönlichkeit: sich und andere besser verstehen, 2., überarb. Aufl., Offenbach 2007.

Senge, Peter M.: Die fünfte Disziplin. Kunst und Praxis der lernenden Organisation. 9. Aufl., Stuttgart 2003.

Senninger Tom: Abenteuer leiten – in Abenteuern lernen, Münster 2000.

Sonntag, Christoph: Abenteuer Spiel. Handbuch zur Anleitung kooperativer Abenteuerspiele, Augsburg 2002.

Spitzer, Manfred: Medizin für die Schule, in: Caspary, Ralf (Hrsg.): Lernen und Gehirn. Der Weg zu einer neuen Pädagogik, Freiburg 2006.

Tenorth, Heinz-Elmar/Tippelt, Rudolf (Hrsg.): Beltz Lexikon Pädagogik, Weinheim Basel 2007.

Tuckmann, Bruce W.: Developmental sequences in small groups, in: Psychological Bulletin 63, Washington, DC 1965.

Umbach, K. (Hrsg.): Mit Kindern und Jugendlichen im Gebirge. DJH-Wegweiser des Deutschen Wanderverlages, Ostfildern 1991.

Uzelmaier, Gerhard: Definition und Grundlagen der Erlebnispädagogik, in: Arbeitskreis Erlebnispädagogik im Evangelischen Jugendwerk Württemberg (Hrsg.): Sinn gesucht, Gott erfahren. Erlebnispädagogik im christlichen Kontext, Stuttgart 2005.

Wagner, Michael: Transfer 1: Wer hat den Affen auf der Schulter sitzen? Die Verantwortung für den Transfer, in: Schad, Nico/Michl, Werner: Outdoortraining. Personal- und Organisationsentwicklung zwischen Flipchart und Bergseil, 2. Aufl., München/Basel 2004.

Weis, Kurt: Menschenbilder in der Erlebnispädagogik, in: Bedacht, A./Dewald, W./Michl, W./Weis, K.: Erlebnispädagogik: Mode, Methode oder mehr?, München 1992.

Winkler, Michael: Versuch einer pädagogischen Kritik an der Erlebnispädagogik, in: Becker, Peter/Braun, Karl-Heinz/Schirp, Jochen (Hrsg.): Abenteuer, Erlebnisse und die Pädagogik. Kulturkritische und modernisierungstheoretische Blicke auf die Erlebnispädagogik, Opladen/Farmington Hills 2007:289-311.

Witte, Matthias D.: Erlebnispädagogik: Transfer und Wirksamkeit. Möglichkeiten und Grenzen des erlebnis- und handlungsorientierten Erfahrungslernens, Lüneburg 2002.

Witte, Matthias D.: Jugendliche in intensivpädagogischen Auslandsprojekten. Eine explorative Studie aus biografischer und sozialökonomischer Perspektive, Hohengehren 2009.

Zielke, Björn: Nicht nur Klettern oder Urlaub! Erlebnispädagogik im Lichte der Hirnforschung, Reihe Pädagogik Bd. 14, Marburg 2010.

Zuffellato, Andrea/Kreszmeier, Astrid Habiba: Lexikon Erlebnispädagogik. Theorie und Praxis der Erlebnispädagogik aus systemischer Perspektive, Augsburg 2007.

Endnoten

1. Vgl. McGrath/Bates 2014:56
2. Um der besseren Lesbarkeit willen bediene ich mich der inklusiven Schreibweise. Bei den Ausführungen sind immer Männer und Frauen gleicherweise im Fokus.
3. Vgl. dazu auch: Paffrath 2013:11
4. Zur aktuellen Situation der Erlebnispädagogik vgl. Paffrath 2013:14f.
5. Paffrath 2013:30.
6. Vgl. Paffrath 2013:31
7. Vgl. Paffrath 2013:31
8. Priest 1994
9. Heckmair/Michl 2004:104
10. Vgl. Heckmair/Michl 2004:89ff, Lang/Rehm 2010:24; Hess 2005:11
11. Vgl. Heckmair/Michl 2012:273
12. Paffrath 20013:21
13. Vgl. Heckmair/Michl 2012:273
14. Paffrath 2013:14
15. Reiners, 1995:17f.
16. Heckmair/Michl 2002:90
17. Das betont auch Zielke 2010:16
18. Senninger 2008:8
19. Rutkowski 2010:17
20. Vgl. Senninger 2000:8
21. Paffrath 2013:32
22. Die Definition der einzelnen Begriffe ist in der Literatur nicht eindeutig. So sind z. B. für Oelkers (1994:97) Erlebnisse „die herausragenden dieser Erfahrungen“. Er definiert Erfahrungen, was hier als Ereignis definiert ist.
23. Zielke 2010:17
24. Vgl. Zielke 2010:18
25. Rutkowski 2010:14
26. Reinhold/Pollak/Heim 1999:136
27. Rutkowski 2010:16
28. Vgl. Roth 2005:35
29. Vgl. Uzelmaier 2005:16
30. Vgl. Paffrath 2013:59
31. Vgl. Senninger 2000:19
32. Senninger 2000:19
33. Paffrath 2013:63
34. Vgl. Zielke 2010:16
35. Paffrath 2013:63
36. Zielke 2010:17
37. Vgl. Paffrath 2013:63
38. Vgl. Uzelmaier 2005:16
39. Uzelmaier 2005:16
40. Vgl. Uzelmaier 2005:18
41. Vgl. Uzelmaier 2005:17
42. Uzelmaier 2005:18
43. Vgl. Sonntag 2002:50

44 Rohnke/Butler 1995:42, frei übersetzt in: Sonntag 2002:50
45 Sonntag 2002:50
46 Kölsch/Wagner 2004:40
47 Heckmair/Michl 2012:274
48 Vgl. Paffrath 2013:212
49 Heckmair/Michl 2012:273
50 Vgl. Paffrath 2013:213; Heckmair/Michl 2012:275. Reiners (2004:46) spricht in diesem Zusammenhang von der Entwicklung eines Idealbildes.
51 Vgl. Nickolai/Harder 1992:136
52 Zusammenfassung des von Nickolai/Harder entwickelten professionellen Profils durch Heckmair/Michl 2012:274f.
53 Vgl. Paffrath 2013:213
54 Kölsch/Wagner 2004:40
55 Annette Reiners 2004:46
56 Vgl. Lang/Rehm 2010:84, insbesondere Tabelle auf Seite 85, Kölsch/Wagner 2004:40f.
57 Vgl. Paffrath 2013:216
58 Vgl. Heckmair/Michl 2004:228; Nickolai/Harder 1992:136
59 Kölsch/Wagner 2004:41
60 Vgl. Paffrath 2013:215, Reiners 2004:46
61 In diesem Zusammenhang werden die beiden Begriffe Gruppe und Team identisch benutzt.
62 Vgl. Sonntag 2002:46
63 Tuckmann 1965:384-399
64 64Sonntag 2002:41; Lang/Rehm 2010:45ff., Francis/Young 1989:11ff. u. a.
65 Vgl. Sonntag 2002:41
66 Friebe 2010:249
67 Vgl. dazu Sonntag 2002:45
68 Friebe 2010:249
69 Kluge 1975:432
70 Vgl. Senninger 2000:18
71 Ausführlicher bei Senninger 2000:18ff.
72 Vgl. Senninger 2000:18
73 Senninger 2000:19
74 Senninger 2000:19
75 Senninger 2000:19
76 Vgl. Senninger 2000:19
77 Vgl. Senninger 2000:19
78 Senninger 2000:20
79 Vgl. ausführlicher Senninger 2000:20f.
80 Nadler/Luckner 1992. Mancherorts wird dieses Modell auch Senninger zugeschrieben, der aber erst 2000 dieses Modell aufgegriffen hat.
81 Vgl. Senninger 2000:26
82 Michl 2015:41
83 Vgl. Senninger 2000:21
84 Senninger 2000:21
85 Senninger 2000:22
86 Senninger 2000:25

[87] Vgl. Paffrath 2013:144
[88] Heckmair/Michl 3. Aufl.1998:183, zitiert in: Sonntag 2002:15
[89] Sonntag 2002:15
[90] Vgl. Reiners 2004:24ff.
[91] Vgl. Sonntag 2002:12
[92] Vgl. Sonntag 2002:12; Gilsdorf/Kistner 1995:13-18
[93] Siehe dazu Hildmann 2008:45-47
[94] Vgl. Paffrath 2013:145
[95] Sonntag 2002:14
[96] Sonntag 2002:30ff.
[97] Sonntag 2002:34
[98] Vgl. Senninger 2000:30
[99] Vgl. Sonntag 2002:55-95 (gute Zusammenfassung auf S. 95)
[100] Vgl. Sonntag 2002:59f. und Gilsdorf/Kistner 1995:22f.
[101] Sonntag 2002:56
[102] Sonntag 2002:51
[103] Vgl. Sonntag 2002:51
[104] Vgl. Sonntag 2002:105-118 (gute Zusammenfassung auf S. 118)
[105] Vgl. Sonntag 2002:119-134 (gute Zusammenfassung auf S. 134)
[106] Sonntag 2002:121
[107] Vgl. Paffrath 2013:79
[108] Vgl. Sonntag 2002:51
[109] Vgl. Lang/Rehm 2010:91
[110] Vgl. Sonntag 2002:135-150 (gute Zusammenfassung auf S. 150)
[111] Vgl. Sonntag 2002:138
[112] Diese Matrix habe ich zusammen mit meiner Tochter Tabea 2009 erstmalig erstellt.
[113] Paffrath 2013:26, Heckmair/Michl 2004:224
[114] Paffrath 2013:26
[115] Michl, zitiert in: König/König 2005:62f.
[116] Heckmair/Michl 1994:66
[117] Heckmair/Michl 2004:225
[118] Vgl. Wagner 2004:116
[119] Vgl. Heckmair/Michl 2012:277 als Zusammenfassung von Gass u. a. (1992:38)
[120] Schad 2004:131ff.
[121] Schad 2004:132
[122] Paffrath 20013:198
[123] Vgl. auch Heckmair/Michl 2012:245f.
[124] Z. B. Jagenlauf1992, Boeger/Schutt 2005, Eberle 2008, Heekerens 2006, Lakemann 2005, Muff/Wünsch 2006, Plöhn 1998, Witte 2009. Paffrath (2013:198) gibt eine gute prägnante Vorstellung der jeweiligen Studien
[125] Vgl. Paffrath 2013:201
[126] Paffrath 2013:205
[127] Vgl. Paffrath 2013:208, Heekerens 2006:20.22

128 Paffrath 2013:209.
129 Vgl. Heckmair/Michl (2012:77ff.), Rutkowski 2010:22ff.
130 Heckmair/Michl 2012:9
131 Zuffellato/Kreszmeier 2007:161
132 Vgl. Heckmair/Michl 2012:86
133 Spitzer 2006:23
134 Heckmair/Michl 2012:86
135 Heckmair/Michl 2012:86
136 Heckmair/Michl 2012:86
137 Heckmair/Michl 2012:86
138 Herrmann 2006
139 Heckmair/Michl 2012:87.
140 Zielke 2010:55
141 Paffrath 2013:205
142 Friebe 2010:30
143 Paffrath 2013:95.
144 Vgl. Heckmair/Michl 2004:22-31
145 Rutkowski 2010:35
146 König/König 2005:63
147 Paffrath 2013:25
148 Senniger 2000:8
149 Rutkowski 2010:36
150 Paffrath 2013:96
151 Senninger 2000:11
152 Heckmair/Michl 2004:106
153 Meier-Gantenbein 2000:33
154 König/König 2005:65; vgl auch Lang/Rehm 2010:67
155 Vgl. Rutkowski 2010:38
156 Senninger 2000:11
157 Lang/Rehm 2010:66
158 Senninger 2010:12
159 Vgl. Senninger 2000:11
160 Senninger 2000:8
161 Vgl. Paffrath 2013:95
162 Vgl. Senninger 2000:11
163 König/König 2005:65
164 König/König 2005:19
165 König/König 2005:66
166 König/König 2005:66
167 Lang/Rehm 2010:67.69f.
168 Vgl. Paffrath 2013:209
169 Vgl. Paffrath 2013:209
170 Schad 2004:133
171 Vgl. Wagner 2004:125f.
172 Blanchard 1990. Der Affe ist für Blanchard ein Symbol dafür, wer die Verantwortung trägt.
173 Schad 2004:133
174 Vgl. Schad 2004:127ff.
175 Vgl. Schad 2004:133
176 Vgl. Paffrath 2013:209
177 Vgl. Lang/Rehm 2010:67
178 Paffrath 2013:96
179 Vgl. Lang/Rehm 2010:73
180 Vgl. Lang/Rehm 2010:67
181 Rutkowski 2010:40
182 Vgl. Rutkowski (2010) und Friebe (2010)
183 Rutkowski 2010:41

184 Rutkowski 2010:41
185 Rutkowski 2010:42
186 Rutkowski 2010:43
187 Vgl. Rutkowski 2010:41
188 Vgl. Witte 2002:67
189 Vgl. Rutkowski 2010:107
190 Vgl. Rutkowski 2010:107
191 Rutkowski 2010:108
192 Rutkowski 2010:108
193 Rutkowski 2010:108
194 Vgl. Rutkowski 2010:109
195 Vgl. Friebe 2010:199-218
196 Vgl. Rutkowski 2010:44
197 Vgl. auch Friebe 2010:69f.
198 Senninger 2000:90
199 Senninger 2000:90
200 Senninger 2000:91
201 Rutkowski 2010:46
202 Friebe 2010:40
203 Vgl. Rutkowski 2010:47
204 Vgl. Rutkowski 2010:39
205 Vgl. Gilsdorf 2004:110
206 Vgl. Rutkowski 2010:105
207 Vgl. Rutkowski 2010:46
208 Rutkowski 2010:49ff.
209 Vgl. Rutkowski 2010:53
210 Vgl. Rutkowski 2010:53
211 Vgl. Rutkowski 2010:53
212 Vgl. Rutkowski 2010:54ff.
213 213Vgl. Cohn 1976:120ff.
214 Vgl. Friebe 2010:265-274
215 Vgl. z. B. Friebe 2010:74ff:
216 Vgl. Kölsch/Wagner 2004:47
217 Heckmair/Michl 2004:261
218 Vgl. Gilsdorf/Kistner 2001:27
219 Vgl. Lang/Rehm 2010:95
220 Vgl. Kölsch/Wagner 2004:47
221 Umbach 1991:134ff., zitiert in Heckmair/ Michl 2004:262
222 Heckmair/Michl 2004:262
223 Vgl. Heckmair/Michl 2004:262
224 Vgl. Senninger 2000:48, Lang/Rehm 2010:98
225 Vgl. Gilsdorf/Kistner 2001:28
226 Vgl. Gilsdorf/Kistner 2001:28
227 Vgl. Heckmair/Michl 2004:263
228 Vgl. Heckmair/Michl 2004:263
229 Heckmair/Michl 2004:263
230 Vgl. Heckmair/Michl 2004:264
231 Vgl. Gilsdorf/Kistner 2001:29
232 Vgl. Lang/Rehm 2010:97
233 Lang/Rehm 2010:97.
234 Zitiert in Senninger 2000:44ff., dort ist auch eine ausführlichere Beschreibung der fünf Punkte zu finden.
235 Senninger 2000:38

Der Autor

Thomas Eisinger (Jahrgang 1960), verheiratet mit Dorothe, drei erwachsene Töchter, ist Kanzler und Dozent an der Internationalen Hochschule Liebenzell. Er bildet Erlebnispädagogen aus und arbeitet als Outdoortrainer, Supervisor und Coach mit Gruppen und Einzelpersonen, um diese in ihren Entwicklungsprozessen zu begleiten und zu fördern.